AF345035

ELOGIOS PARA LOS CORPORATE REBELS

"He sido durante mucho tiempo un fanático de los Corporate Rebels y este libro captura la esencia de su sabiduría. Los autores proporcionan una perspectiva sin ambigüedades, práctica y que invita a la reflexión sobre el mundo del trabajo".
Daniel Pink, autor de When, Drive, and A Whole New Mind

"Desafiar la verdad elegida es una de mis consignas recurrentes y eso es exactamente lo que los Corporate Rebels están haciendo. Una lectura inteligente para empleados, profesionales de recursos humanos y líderes de negocios que quieren crear lugares de trabajo radicalmente inspiradores".
Katarina Berg, Directora de Recursos Humanos de Spotify

"Las empresas necesitan ser desbaratadas y el mundo de los negocios necesita a los Corporate Rebels. Son una oportuna y muy bienvenida llamada de atención para el capitalismo. Un soplo de aire fresco en el pensamiento gerencial, los Corporate Rebels están en el radar de Thinkers50 por una muy buena razón. Sus voces resuenan en una nueva generación que está exigiendo un enfoque radicalmente diferente del trabajo y la vida".
Des Dearlove, cofundador de Thinkers50

"Las empresas, o más bien sus clientes y empleados, están pidiendo formas de organizar el trabajo mejores y más sostenibles. Los Corporate Rebels han sido capaces de dar en el clavo; comparten alternativas de una manera inspiradora".
Jos de Blok, fundador y CEO de Buurtzorg

"Se está produciendo una revolución silenciosa en la gestión. Para que la gente se dé cuenta y se una a la revolución, necesitamos darle una voz, o mejor aún, muchas voces. Los Corporate Rebels han hecho su trabajo al traernos esas voces y sus historias".

Frederic Laloux, autor de Reinventing Organisations

"Los Corporate Rebels hacen una valiosa, refrescante y singular contribución a la reflexión y a la acción sobre los nuevos modelos de organización. Con una sólida elección e investigación, con un enfoque transparente, con ideas prácticas, con matices y con mucho coraje. ¡Bravo!"

Yuri van Geest, coautor de Exponential Organisations

"Joost Minnaar y Pim de Morree han recorrido el planeta para conocer a todas las organizaciones, líderes y pensadores que pretenden transformar el lugar de trabajo de mando y control en un lugar donde el trabajo sea divertido. Los autores encontraron más de cien de ellas y, a través de sus historias sin ambigüedades, proporcionan esperanza y visión a cualquier estudiante de las organizaciones".

Isaac Getz, coautor de Freedom, Inc. y Leadership Without Ego

"Los Corporate Rebels son el lugar donde se pueden encontrar los desarrollos más exultantes e innovadores del gerenciamiento a través del planeta. Estimulan, desafían, encuentran las compañías de vanguardia y pintan una imagen de cómo las organizaciones podrían ser diferentes, y mucho más emocionantes para trabajar. Ya seas un líder empresarial o un empleado, cambiarán tu forma de pensar sobre el trabajo".

Henry Stewart, Director de Felicidad de Happy Ltd

"No dejes de visitar The Corporate Rebels, un recurso de primera sobre el futuro del trabajo. Se ha prestado muy poca atención a una palanca clave del rendimiento empresarial: el lugar de trabajo y la cultura del lugar de trabajo. Los Corporate Rebels cambian eso y destacan cómo las técnicas correctas ayudan a las compañías a mejorar el resultado final, impulsar el crecimiento y aparecer como una fuerza innegable para bien".

Alexander Osterwalder, autor de Business Model Generation y creador del Business Model Canvas

"Los Corporate Rebels son los poetas laureados del Futuro del trabajo. Estupendos buscadores de historias, viajan por todo el mundo en busca de los lugares de trabajo radicalmente transformadores del planeta. Galvanizados por sus antiguas y sombrías identidades empresariales, traen una energía efervescente y un entusiasmo contagioso a su trabajo, invitando a los líderes a entrar en un mundo de compromiso, respeto y alto rendimiento. Este libro da a los curiosos y aventureros la oportunidad de hacer un recorrido con los Corporate Rebels y ver el mundo a través de sus ojos experimentados, y vislumbrar un futuro en el que cada persona pueda amar su trabajo. Abróchate el cinturón y disfruta del paseo".

Doug Kirkpatrick, autor de Beyond Empowerment: The Age of the Self-Managed Organisation

"Se llaman a sí mismos Corporate Rebels, pero también podrías llamarlos exploradores: en busca de la máxima felicidad de los empleados".

Het Financieele Dagblad (Periódico Financiero Holandés)

"A medida que el mundo del trabajo evoluciona, las viejas soluciones organizativas de siglos pasados están cada vez más desfasadas. Aunque está lejos de la corriente principal y bien lejos del camino intelectual, hay un trabajo innovador y vanguardista que está cambiando el mundo del trabajo para bien. Ashanti Alston escribió una vez que, "Una de las lecciones más importantes que también aprendí del anarquismo es que hay que buscar las cosas radicales que ya hacemos y tratar de alentarlas". Esto es exactamente lo que el equipo de Corporate Rebels está haciendo, un fantástico trabajo de detectives para desentrañar estos nuevos enfoques; abogar por las aún escasas formas conocidas, pero más holísticas, de trabajar; para alentar a los líderes creativos a alejarse de la jerarquía y adoptar nuevos, más positivos, más progresivos enfoques y, en última instancia, más productivos. Si quieres obtener lo último de las primeras líneas del mundo de las organizaciones avanzadas, inscríbete en todo lo que puedas conseguir de los Corporate Rebels y ayuda a hacer realidad la revolución laboral del siglo XXI".

Ari Weinzweig - CEO y cofundador de Zingerman's

AGRADECIMIENTOS

Gente de todo el mundo se está uniendo mejorar los lugares de trabajo. Este libro es un excelente ejemplo de ello. Un grupo de apasionados rebeldes hispanoamericanos se han unido, desinteresadamente, para traducir este libro al español. Entusiastas de Argentina, Bolivia, Chile, España, México, Perú, y Uruguay, enlazaron esfuerzos, de todo corazón, y se encargaron de hacer realidad el libro que tienes en tus manos. Por lo tanto, queremos expresar nuestra eterna gratitud a Ángel Agueda, Ángel Calderón, Andrés Mellado, Daniela Martínez , Dunia Reverter, Elena Diaque, Federico Huber, Franklin Antezana, Herly Llerena, Horacio Burijson, y Marcial Quintanar por su extraordinario trabajo. Disfruta el resultado de esta alegre colaboración!

PRÓLOGO

Conocí a Pim y Joost hace tres años y medio en pleno verano del 2017, en el inicio de sus intensos cuatro años de recorrido por el mundo, al encuentro de rebeldes con causa. Al equipo de k2k nos parecieron unos jóvenes decididos, con un propósito claro de conocer y aprender de esta revolución que va creciendo, en la manera de gesJonar las organizaciones con un nuevo esJlo, y que tras siglos de jerarquías Jpo ejército, pone a las personas, a todas, en el centro, como la única energía capaz de mantener y crear felicidad y riqueza.

Mantenemos una amigable relación desde entonces, y les agradecemos que, por parJda doble, figuremos en su Bucket List. Como ellos indican, y más vale tarde que nunca, ha llegado el momento de la verdadera revolución en el lugar de trabajo.

Hay algo importante que resalté tras la aparición del libro de Frederic Laloux, Reinventar las organizaciones, y quiero volver a incidir en ello: cada organización es diferente y todos los días son diferente. No debemos copiar lo que creemos es más exitoso en cada organización, ni crear o cambiar con un corta y pega, copiando por aquí y por allí.

Como bien indican en el libro, cada uno de los 100 pioneros entrevistados tuvo que descubrir su propio camino; copiar es de mediocres. Un líder, no un gestor, jamás copiará. Sí podrá conocer, y deberá conocer otras realidades, sin embargo, en ningún caso, seguirá una hoja de ruta preestablecida. Un cambio radical con un proyecto basado en las personas tendrá el éxito garanJzado solo con que el líder crea en las personas. Esto no se compra; se siente, sale de las tripas.

El futuro no existe, y por tanto es imprevisible. Estamos en el aquí y ahora; es decir, en el principio del pasado y el futuro, y en un mundo cada día más complejo y al mismo Jempo apasionante. En este caminar, en este descubrir permanente, no existen dogmas que nos indican el camino, no es cuesJón de fe en un Dios superior que nos guiará. El camino hay que querer andarlo y disfrutarlo, al igual que las personas que nos acompañan. Un líder camina tranquilo porque sabe que a su lado lleva lo más valioso, las personas, y sabe cómo sumar lo mejor de ellas, porque sabe cómo entusiasmarlas, y así juntos superar los problemas; ver aquellas oportunidades que la vida ofrece. Creo adecuado resaltar lo que consciente o inconscientemente los líderes logran de las personas: su entusiasmo basado en la creencia de la grandeza del ser humano. Todos estos pioneros de los que nos hablan lo han conseguido a su manera, unido a un claro pensamiento posiJvo y a un lenguaje que seduce y apasiona.

Por otro lado, es básico tener bien focalizado el QUÉ, el PARA QUÉ y el CÓMO. Un proyecto basado en las personas, focalizado en cliente y la eficiencia con visión social, logrará fácilmente su sostenibilidad.

En el libro, como no podía ser menos, los amigos Pim y Joost han captado la importancia del entusiasmo en las organizaciones rebeldes. El maestro de literatura espiritual Eckhart Tolle nos indica de una manera clara cuál es la aportación del ser humano en función de su grado de presencia en aquello que está realizando. Entusiasmo "significa que disfrutas a fondo con lo que haces, más el elemento añadido de un propósito por el que lo realizas. Cuando añades un objeJvo al disfrute de lo que haces, el campo de energía o frecuencia cambia. En la cumbre de la acJvidad creaJva alimentada por el entusiasmo habrá una intensidad y una energía enormes en lo que hagas. Aunque visto de fuera pueda parecer la intensidad del entusiasmo nada Jene que ver con el estrés. Cuando solo quieres llegar a tu objeJvo, y no hacer lo que estás haciendo, sufres estrés. Ahí están la fuerza y la tensión de los deseos del ego, y por eso Jenes que luchar y trabajar para conseguirlo. El estrés siempre disminuye la calidad y eficacia de lo que hacemos bajo su influencia. A diferencia del estrés, el entusiasmo Jene una frecuencia de energía alta. R.W. Emerson dijo: "Nunca se ha conseguido nada grande sin entusiasmo". La palabra entusiasmo viene del griego anJguo: "en" y "theos", significa Dios". Eckhart Tolle.

Esto es lo que en toda mi vida personal y profesional he senJdo: un gran entusiasmo en todos los acontecimientos importantes. En coherencia con mi criterio de libertad y responsabilidad necesaria, me he permiJdo, en varias ocasiones, salir de aquellos lugares donde no me era posible disfrutar; tocaba parJr de nuevo con una hoja en blanco.

Hay dos aspectos fundamentales que hacen que los propósitos se cumplan: lograr que el trabajo te aporte una vida emocionante y que ni el dinero ni el poder tengan rango preferente. Pim y Joost ya lo intuyeron en su especial momento de inicio en Barcelona, mientras tomaban unas cervezas.

Quisiera resaltar algunos aspectos que considero vitales para que el éxito sea permanente en organizaciones que quieren transitar y descubrir nuevos caminos más libres, más emocionantes, más colaboraJvos, donde los espacios, las oportunidades existen para todas las personas. En las organizaciones donde parJcipamos las aplicamos con claridad desde el inicio.

Una organización Jene que tener un propósito, unos valores que la idenJfiquen, que amalgame a las personas parJcipantes. La confianza es el pilar número uno a lograr, a mimar y reforzar. Esto se crea a base de un adecuado clima, de una sensible relación y una incuesJonable transparencia. Como se indica en el texto: la transparencia debe ser radical en las organizaciones que se consideran avanzadas. Esto es lo que genera los niveles más altos de moJvación. Los secreJsmos generan desconfianza, ignorancia y creencias que solo provocan confusión y división. Creo de vital importancia que la transparencia económica no solo sea informada o comunicada, sino, y sobre todo, entendida.

A esto debemos añadir la libertad, que es solo la aplicación de la confianza. Se logra en su totalidad con la creación de una organización basada en equipos autogesJonados. La respuesta a estos ingredientes en un espléndido plato que se llama responsabilidad. Las organizaciones jerárquicas no pueden ni soñar con esto, y por ello coexisten la desconfianza, el control y la insaJsfacción, con sus correspondientes trifulcas y negociaciones permanentes entre propiedad y trabajadores en una lucha de intereses y egos, generando a su vez conJnuas cicatrices para el futuro.

El conjunto de las personas, para senJrse actores y no dteres de la realidad, debe saber interpretar lo que ocurre, aquello que realiza, y hacerse dueño de la situación, Jene que senJrse cómodo mientras se juega el parJdo.

En la prácJca como k2K vemos un buen número de organizaciones con esJlos adecuados de relaciones, pero que no son en absoluto generosas ni con la transparencia ni con los niveles salariales. Diría que son generosas en las formas, pero no con el fondo. No enJenden que una Jerra bien tratada con una buena semilla es más frucdfera que aquella a la que se le niega un buen riego y un natural abono. Al final, son organizaciones gestoras que ante todo anteponen el concepto económico desde la cicatería y no desde la generosidad.

La naturaleza nos indica que si somos generosos como ella, nos devuelve generosidad en abundancia. Las personas, como animales racionales que somos, también formamos parte de esta naturaleza.

He de resaltar que un proyecto pionero basado en las personas solo se logra habiendo interiorizado que las personas somos únicas, que estamos en un momento evolutivo personal, y que, por tanto, solo respetando la diversidad y dando oportunidades, sin pedir a cambio una respuesta igualitaria, lograremos el éxito que conlleva que todas las personas puedan continuar su evolución. Esta también es una responsabilidad social que nos corresponde, y que, sin embargo, es inalcanzable cuando otros objetivos materiales se anteponen.

Desde lo social, desde la sostenibilidad necesaria, desde las personas, los clientes, los proveedores, desde la eficiencia económica sí podemos disfrutar de lo creado.

Es necesario transformar el pensamiento. La economía, la industria, las organizaciones tienen que reinventarse y ayudar a la necesaria transición. El mundo necesita de pioneros como los aquí presentados por el equipo de Corporate Rebels, con el objetivo de facilitar el camino, el propósito que las personas tenemos en este paso por la vida, al mismo tiempo que disfrutamos de la oportunidad de vivirla.

Un sano y caluroso abrazo.

KOLDO SARATXAGA

Impulsor de Irizar Group, K2K emocionando, NER Group.

REVOLUCIONARIOS DEL TRABAJO:
ORGANIZACIONES PIONERAS QUE CAMBIARON
RADICALMENTE SU FORMA DE TRABAJAR

ISBN: 9789083004884

Diseño de portada e interiores: VLERK&LIEM & Agencia Cordero

Copyright © Corporate Rebels Nederland B.V. 2019

REVOLUCIONARIOS DEL TRABAJO

ORGANIZACIONES PIONERAS QUE CAMBIARON RADICALMENTE SU FORMA DE TRABAJAR

JOOST MINNAAR

PIM DE MORREE

[1]Nota del traductor: Cuando los autores dicen: "Make work fun", se refieren no solo a hacer el trabajo divertido, sino también a despertar la inspiración, el entusiasmo, la creatividad y el gozo por lo que se hace.
En el texto hemos dejado "divertido", pero queremos dejar claro que en español el término va a atributos más profundos de las personas. Se trata de transformar el trabajo monótono, frustrante y sin sentido en una experiencia vivificante en la que el trabajo sea motivo de gozo y realización.

LONDRES

Nos enderezamos las corbatas de moño. Cuesta acostumbrarse a estos trajes después de haber dejado atrás el mundo empresarial hace años. Los salones De Vere Grand Connaught sirven de escenario para la gala de los premios Thinkers50 de hoy, también conocidos como los Óscar del Pensamiento Gerencial.

Las principales figuras del mundo del management están aquí: prominentes académicos, gurús del mundo del trabajo. Parecemos un poco fuera de lugar. Tenemos la mitad de la edad de muchos de los otros invitados y, a juzgar por las miradas que recibimos, no somos los únicos que lo notan.

Mientras el presentador anuncia a los nominados, nosotros compartimos una mirada de asombro Corporate Rebels. ¿Quién hubiera pensado que estaríamos en un evento como este? Cuando comenzamos esta aventura, nadie esperaba que nosotros llegáramos hasta aquí. No teníamos dinero, ni modelo de negocio, y sobre todo, no teníamos un plan de negocios bien pensado. Nuestro optimismo nos trajo aquí.

Hemos visitado cinco continentes y más de 30 países, investigado más de 100 pioneros y realizado más de 1.000 entrevistas. Basándonos en esto, hemos escrito 300 entradas en el blog, hemos hecho presentaciones y ayudado a las empresas a revisar las estructuras y métodos de trabajo anticuados. Hemos estado surfeando en California mientras visitábamos una de estas inspiradoras empresas, donde los empleados trabajan por un mundo mejor. Hemos estado en Estocolmo para visitar una empresa con cientos de empleados, pero sin un jefe. Hemos pasado tiempo con una empresa china que tiene 70.000 empleados que operan como si estuvieran dirigiendo su propio negocio.

Hemos tenido reuniones con funcionarios belgas que deciden dónde, cuándo y cómo trabajar. Hemos realizado entrevistas con académicos inconformistas, escritores pioneros y excéntricos líderes de pensamiento. Estamos ahora en las primeras menciones con los CEO y empresarios rebeldes de Australia a Nueva York y de Sao Paulo a Dubái. En resumen, hemos aprendido más sobre el tema elegido de lo que nunca nos atrevimos a esperar.

Miramos a nuestro alrededor y reflexionamos sobre el honor que es estar aquí. ¡Qué maravilloso que nos hayan nombrado entre los 30 mejores pensadores del management emergente! Para nosotros, esto es un signo de algo más grande, un atisbo del cambio que queríamos provocar. Esperamos producir un giro que transforme la insatisfacción en el lugar de trabajo en idealismo y sentido.

Aún queda mucho por hacer, y los problemas recalcitrantes se abordan a menudo de manera tímida e ineficaz. Las soluciones existen para aquellos que se atreven a ponerlas en práctica. Todo lo que hemos aprendido, y todo lo que está sucediendo a nuestro alrededor, nos lleva a creer que un movimiento global ya está en marcha.

Sube a bordo. Acompáñanos.

CONTE-NIDO

INTRODUCCIÓN
SUMERGIÉNDONOS

Ventura, California del Sur. Son las 6:30 de la mañana en una playa desierta de la autopista 1, el encantador y serpenteante camino que hemos estado siguiendo durante tres semanas, deteniéndonos donde nos place. Salimos de la camioneta y caminamos por la fría arena hasta las aún más frías aguas del Océano Pacífico, donde dos delfines están jugando y unos pocos surfistas principiantes están balanceándose en sus tablas. En la penumbra, miramos hacia el agua. La mañana no podría ser más hermosa, y aquí está la mejor parte: estamos aquí en nuestra carácter oficial. Es un día de semana, un día de trabajo, y solo otro día para los Corporate Rebels.

Sabíamos, desde hacía mucho tiempo, que no estaríamos atrapados en trabajos estables por 40 años. Anhelábamos algo más. Algo emocionante. Algo aventurero. De lo que no nos dimos cuenta cuando tomamos la decisión, a meses y millas de distancia en España, fue que escapar de la rutina corporativa sería muy fácil, tan fácil como para los delfines salir de una ola. Nuestra verdadera vida laboral comienza aquí. Y amigo, se siente bien.

En el verano de 2015 en Barcelona, en una cervecería abarrotada de gente, hablamos de trabajo, el trabajo que estábamos haciendo entonces. Fue una conversación bastante triste, porque el resultado final fue que nuestros trabajos eran poco inspiradores, en el mejor de los casos. El trabajo nos hacía cualquier cosa menos felices. Desde el lunes ya empezábamos a contar el tiempo para el fin de semana, y eso es algo que nadie debería hacer durante 40 horas a la semana.

Lo que lo empeoraba era el hecho de que no estábamos frustrados por el trabajo en sí. Era interesante, desafiante, y encajaba bien con los títulos de ingeniería que habíamos conseguido. Lo que nos estaba volviendo locos era la forma en que nuestros empleadores hacían las cosas. Eso, y el hecho de que nos trataban como a niños. No había sensación de libertad. La mentalidad de 9 a 5 aseguraba que nos juzgaban por las horas que pasábamos en la oficina, en vez de por lo que hacíamos cuando estábamos allí. Era frustrante ser forzado a seguir procedimientos y protocolos arcaicos y anticuados que no dejaban espacio para la creatividad, no ofrecían libertad de acción. ¿Pero qué hacer? Nuestra experiencia corporativa, hasta ese momento, implicaba escribir informes que desaparecían en un cajón para acumular polvo durante una década o dos. Había una completa falta de aprecio por cualquier pizca de pensamiento lateral o espíritu empresarial. Cualquier idea que pudiera perturbar el statu quo en las costumbres era inmediatamente rechazada. No teníamos experiencia en cómo hacer negocios, pero sabíamos que podríamos salir adelante por nuestra cuenta si tan solo pensábamos en qué, exactamente, debíamos hacer.

Desde nuestra época universitaria nos habían fascinado los pioneros, las almas valientes que abordaban el "trabajo" de una manera radicalmente diferente. Nos inspiraban las compañías que mantenían a sus empleados comprometidos y conectados. Nuestro interés despertó por un documental sobre el empresario brasileño Ricardo

Semler. Semler convirtió su fábrica de máquinas, Semco, en un gran éxito en la década de 1980, rompiendo las reglas y destrozando todas esas convenciones que habíamos llegado a despreciar. Semco no tenía tiempo para los gerentes, reuniones innecesarias y regulaciones sin sentido. Los empleados tenían la libertad de determinar sus horas de trabajo y su salario. Encontramos más inspiración en las filosofías de los gurús del trabajo como Simon Sinek y Dan Pink. Nos sumergimos en las extraordinarias culturas empresariales de Google y Spotify. Había un abismo aparentemente insalvable entre estas historias inspiradoras y la monotonía de nuestra vida cotidiana.

¿Cómo funcionaban estas organizaciones avanzadas? ¿Qué hacían de forma diferente y cómo podían otros lograr un cambio? Bajo los soleados cielos de Barcelona, llegamos a una decisión de la que nunca nos hemos arrepentido. Y ahora, gracias a lo que nos comprometimos entonces, con unas cervezas en Barcelona, estamos aquí en Ventura, listos para sumergirnos en las olas y en nuestra vida laboral. No hicimos lo que nuestras familias, o la sociedad, esperaba de nosotros. Renunciamos a nuestros trabajos con un plan vago pero emocionante. Viajaríamos por el mundo, encontraríamos a los pioneros y aprenderíamos de ellos. Luego compartiríamos lo que ellos compartieron con nosotros, con la esperanza de que el mensaje sea escuchado.

Aquí está el mensaje: el trabajo puede ser divertido. El trabajo debe ser emocionante. Solo míranos, viendo salir el sol en Ventura mientras los delfines se pelean en las olas, y los surfistas se disputan la posición. Estamos trabajando y es maravilloso. Estamos aquí para conocer al primero de nuestros pioneros, para hurgar en su cerebro y su alma y su plan de gestión. Pero primero vamos a sumergirnos en el agua con él, y unirnos a las filas de surfistas que esperan esa perfecta ola de California...

DESDE LA COSTA HASTA EL MAR

Empezamos nuestra Bucket List en la reunión con cervezas en Barcelona, cuando anotamos los nombres de los que nos inspiraron. Naturalmente, Ricardo Semler estaba al principio de nuestra lista. Pero Richard Branson, Spotify, Simon Sinek, Google y Dan Pink le siguieron rápidamente. Nuestra Bucket List se fue refinando con el tiempo, una lista de organizaciones avanzadas, empresarios, académicos y escritores que tienen algo que enseñar al mundo sobre formas radicalmente diferentes de trabajar. Queríamos verlos, hablar con todos ellos, y compartir todo lo que habíamos aprendido en un blog.

Tuvimos que elegir un nombre para nosotros y después de patear unos cuantos, decidimos que Corporate Rebels no solo sonaba bien, sino que también resumía nuestra postura básica. Cuando salimos de esa cervecería catalana, después de unas cuantas horas y unas cuantas cervezas, nos convenció el potencial de nuestra idea. Y aunque seguíamos convencidos, a la fría luz del día, de que el potencial era real, no todos estaban de acuerdo. Las conversaciones con amigos, familia y colegas tendían a seguir el mismo guion básico:

"Todo suena maravilloso, pero ¿cómo diablos van a hacer dinero?"

Era frustrante
verse obligado
a seguir
procedimientos
y protocolos arcaicos
y anticuados
que no dejaban espacio
para la creatividad,
no ofrecían ningún
margen de maniobra.

Realmente no teníamos ni idea, así que esa era la dificultad.

"Así que vas a viajar por el mundo buscando las organizaciones más avanzadas... ¿pero no sabes cómo vas a ganar dinero?"

Eso lo cubría todo. Ese era el plan. Y aunque era una idea maravillosa, no era un plan de negocios. Aún no nos dábamos cuenta de que las ideas maravillosas sin planes de negocios no inspiran mucha fe, pero lo descubrimos muy pronto. Pero oye, ¿cómo podíamos centrarnos en ganar dinero si ni siquiera sabíamos nada del tema? Optamos por empezar, aprendiendo de los mejores y averiguando qué oportunidades nos proporcionaría más tarde. Estábamos convencidos de que la idea era buena. Creíamos en nuestro propósito, nuestra misión de hacer el trabajo más emocionante. El dinero no era nuestra inspiración. Después de haber reunido nuestros ahorros, calculamos lo que podíamos hacer. Calculamos que teníamos suficiente para cubrirnos durante unos 10 meses. Tendríamos que cambiar nuestro estilo de vida, porque los ingresos estables ya no serían una realidad. ¿Qué era lo peor que podía pasar? ¿Que nuestra idea no fuera tan buena como pensábamos? ¿Que nadie buscara las historias que compartiríamos? ¿Que descubriéramos que éramos un fracaso escribiendo? ¿Que quemáramos nuestros ahorros y no tuviésemos nada que mostrar? Todas esas eran posibilidades, pero si representaban lo peor que podía pasar... no estaba tan mal. Teníamos el privilegio de haber tenido una educación decente, así que si se iba al traste, siempre podíamos encontrar otros trabajos. Habríamos ganado una valiosa experiencia. Así que, sumamos las cifras de nuevo y llegamos a un acuerdo: esta aventura no era del todo práctica, pero era demasiado buena para dejarla pasar.

Poco después de que naciera el término de Corporate Rebels entregamos nuestra renuncia, nos mudamos a un pequeño apartamento y vivimos juntos para ahorrar costes; ya no podíamos permitirnos el lujo de dos pisos, y esa habitación se convirtió en la humilde base de nuestro embrionario proyecto. Durante los dos meses siguientes, todo lo que hicimos, lo hicimos desde allí. Construimos nuestra página web, hicimos planes para nuestros viajes a la Bucket List, leímos innumerables libros sobre administración y comenzamos a vivir la vida de los Corporate Rebels.

Hicimos la investigación y pronto descubrimos que no éramos los únicos completamente desvinculados del trabajo. Los estudios muestran que la falta de compromiso con los empleados es un problema importante en todo el mundo. Esperábamos esto, pero la realidad es mucho peor de lo que pensábamos. El instituto de investigación Gallup, que ha estado midiendo el compromiso de los empleados durante años, y en más de 150 países, ha llegado a algunas cifras que nos sorprendieron. En todo el mundo, solo el 15 por ciento de los empleados se sienten comprometidos con el trabajo que hacen. Eso significa que la mayoría están desvinculados todo el tiempo. Dentro de este grupo, hay empleados que están tan frustrados que se esfuerzan por sabotear su lugar de trabajo. Estos saboteadores constituyen el 18 por ciento de la fuerza de trabajo. Estudios en nuestros nativos Países Bajos han demostrado que solo 1 de cada 10 empleados está involucrado y comprometido. Esas estadísticas nos colocan como parte de esa mayoría de infelices "niners" - junto con nuestros amigos, nuestros vecinos, nuestros parientes, nuestros padres. Descubrimos que vivimos en un mundo en el que la mayoría obtiene poca o ninguna satisfacción de su trabajo diario[1].

El hecho de que solo el 15 por ciento de todos los empleados estén comprometidos en el trabajo es algo que debe ser abordado. Aunque muchas organizaciones parecen ser conscientes de ello, no se preocupan por cambiar. Lo cual es extraño, porque Gallup estima que a nivel mundial 7 billones de dólares, más de la mitad del PIB de China, se desperdician en productividad perdida gracias a la falta de compromiso.

A pesar de ello, las empresas tradicionales siguen centrándose en el rendimiento, especialmente en el dinero y la producción. El compromiso es un sería-bueno-tenerlo, no un debemos-tenerlo.

Creíamos, y las estadísticas y los estudios lo han demostrado, que una empresa con empleados comprometidos mostrará mejores rendimientos financieros que una empresa con personal desmotivado e infeliz. Ponte en la ecuación: probablemente te desempeñas mucho mejor cuando haces cosas que disfrutas y encuentras gratificantes. Es simple. Cuando el trabajo es excitante y motivador, la gente prospera y las compañías florecen. Esto no es solo nuestra creencia, es un hecho comprobado por varias encuestas. Un metaestudio de Gallup destaca varias influencias positivas en el éxito de la organización mostrando que los lugares de trabajo con un alto compromiso de los empleados superan largamente al resto. Los lugares de trabajo con compromiso disfrutan de una rentabilidad, productividad y satisfacción del cliente significativamente mayores. También tienen una menor rotación de personal, menos ausentismo y menos accidentes[2]. Además, los resultados son muy coherentes en todas las organizaciones, industrias y regiones del mundo. No es de extrañar que el hecho de figurar en la lista de Glassdoor de los "mejores lugares de trabajo" (empresas con las calificaciones más altas de los empleados) esté vinculado a un rendimiento financiero superior. Invertir en una fuerza de trabajo comprometida e inspirada no solo suena como una buena idea, sino que ciertamente lo es. Las empresas con empleados bien comprometidos realmente superan a sus pares. Existe una correlación directa entre una fuerza laboral más comprometida y un mejor rendimiento de la organización[3][4][5].

En nuestra pequeña sala encontramos un estudio fascinante que proporciona pruebas financieras convincentes: el rendimiento de las acciones de organizaciones avanzadas basadas en tres carteras. Una cartera de acciones de empresas públicas de la lista "Mejores lugares para trabajar" de Glassdoor, una de empresas públicas de la lista "Mejores empresas para trabajar" de Fortune y otra basada en la media del mercado general de S&P 500. El estudio muestra que la cartera de acciones de Glassdoor y la de Fortune 100 superó sustancialmente el mercado general del S&P 500 en cinco de seis años. Para comprobar la robustez, los investigadores también miraron los beneficios de las empresas públicas con menor número de empleados en Glassdoor. Encontraron que estas empresas en general tuvieron un rendimiento inferior al del S&P 500[6].

Después de convencernos de que tener una fuerza de trabajo comprometida es una buena idea, el siguiente paso fue averiguar cómo es posible que la mayoría de las organizaciones todavía trabajen de tal forma que crean un enorme problema de desacoplamiento . Pronto descubrimos que las leyes de gestión que se respetan en la mayoría de los lugares de trabajo actuales fueron creadas durante el siglo pasado. En la escuela aprendimos las leyes básicas de la física y la química que eran bastante indiscutibles, pero ahora descubrimos que las leyes de la gestión son de un tipo diferente: todas parecen ser muy discutibles. Los gurús de la gestión parecen estar de acuerdo en una cosa: la historia de las leyes tradicionales de gestión. Todos los textos modernos cuentan más o menos la misma historia. Apuntan a Frederick Winslow-Taylor, un estadounidense de principios del siglo XX que inició la llamada "Revolución de la Gestión Científica" y que debería atribuirse el mérito de los principios anticuados que se desarrollaron durante y después de esta revolución. Durante más de un siglo, Taylor y los de su calaña desataron una búsqueda de la eficiencia óptima en el lugar de trabajo. El resultado es que la mayoría de los negocios todavía funcionan con principios que están obsoletos y apenas optimizados para el día de hoy.

En el siglo XIX, el mundo se enfrentó a grandes problemas en el lugar de trabajo, incluyendo una ineficiencia asombrosa, un abismo entre los trabajadores pobres y los jefes ricos, y una epidemia de desconexión de los trabajadores. Los problemas en el lugar de trabajo crearon tensión. En un momento dado, hubo una especie de El enfrentamiento mexicano. Este era un tema candente para los pensadores de la época. Todo el mundo hablaba de la inevitable interrupción del lugar de trabajo. Karl Marx, por ejemplo, predijo una guerra de clases. Argumentó que la supresión de la clase trabajadora inevitablemente llevaría a una revolución. Marx estaba en lo cierto. Los problemas en el lugar de trabajo del siglo XIX desencadenaron una revolución, pero de un tipo totalmente diferente. Lo que derrotó a estas profecías no fue la tan esperada revolución de la frustrada clase trabajadora, sino la que empezó Frederick Winslow Taylor.

En resumen, el libro de Taylor, The Principles of Scientific Management, sostiene que el trabajo de pensar debe separarse del trabajo de hacer, y que los gerentes deben ocuparse del primero. La teoría de Taylor se conoce como "la mejor manera". Aboga por que cada trabajo se reduzca a un conjunto de actividades científicamente detalladas, sencillas, repetibles y mecánicas que cualquier trabajador pueda comprender. A Taylor le siguen otros "burócratas" como Henri Fayol, un ejecutivo minero francés que elaboró el organigrama; Henry Gantt, un ingeniero estadounidense, creador del diagrama de Gantt; Max Weber, un economista alemán, escribió sobre la burocracia mientras que Henry Ford introdujo su famosa línea de montaje. En los 100 años siguientes, la revolución de Taylor estimuló la productividad en la fabricación y el transporte en los países desarrollados en un 3 o 4 por ciento anual. Este crecimiento explosivo dio a la clase trabajadora mayores ingresos, acceso a la educación, la atención médica y oportunidades de ocio. De hecho, la revolución se desarrolló tan bien que hoy en día menos del 10 por ciento de la población mundial vive en la pobreza extrema, frente a más del 80 por ciento en la época de Taylor. Hoy en día, casi el 90 por ciento tiene al menos una educación básica.

Los burócratas siguen dirigiendo el mayor número de nuestros lugares de trabajo modernos. La mayoría de nuestros modelos organizativos actuales tienen sus raíces en la revolución industrial y se basan principalmente en las ideas de Taylor y otros. Su incesante búsqueda de la eficiencia obligó a muchas organizaciones a exprimir la máxima productividad con el menor gasto posible de energía, tiempo y dinero. Gracias a sus esfuerzos, las organizaciones tradicionales introdujeron con éxito fuertes jerarquías, reglas rígidas e hicieron que el trabajo fuera cada vez más especializado. Por eso ahora estamos acostumbrados a formar nuestras organizaciones como pirámides, con departamentos inflexibles separados por capas de gestión. La mayoría de nosotros tenemos funciones de trabajo fijas y nuestras responsabilidades están estrictamente definidas. Una vez, este enfoque tuvo sentido, proporcionó una fórmula de éxito para muchas empresas y dominó grandes áreas del entorno empresarial del siglo XX. El legado de Taylor obliga al mayor número de empleados a ocuparse de trabajos que simplemente no son emocionantes, y esto se debe a que el lugar de trabajo que él diseñó para el siglo XX ya no encaja. A menudo hace que sea más difícil hacer el trabajo. La toma de decisiones es increíblemente lenta, la colaboración y la comunicación se ven frustradas por la política, y los miércoles celebramos que la semana ha llegado a su punto medio. Nuestros deseos de tomar la iniciativa o innovar se desalientan. Parece que el mundo del pensamiento gerencial se está convirtiendo en una colección de ideas muertas.

Renunciamos
a nuestros trabajos
en un intento
por hacer más
divertidas
nuestras vidas
laborales,
y la tuya.

Renunciamos a nuestros trabajos en buscando hacer más divertidas nuestras vidas laborales, y la tuya. Es por eso que empezamos Corporate Rebels, redactamos nuestra Bucket List y nos dispusimos a conocer a nuestros héroes. Recordad, no había una lista de comprobación para pioneros, no había criterios para ser incluidos. Razonamos que todos ellos podrían enseñarnos algo sobre cómo hacer el trabajo más emocionante. No solo buscamos corporaciones avanzadas, buscamos empresarios, gurús, escritores, académicos y expertos de todas las clases. Nuestra lista pronto superó el tapete de cerveza catalán, y en pocos días incluía 100 nombres. No eran solo nombres familiares, no queríamos una lista que consistiera solo de gente famosa. Tampoco queríamos una lista solo de jóvenes compañías tecnológicas o de empresas actualizadas y emergentes. Queríamos la mayor diversidad posible: invalidar los estereotipos y demostrar, de una vez por todas, que el trabajo -cualquier trabajo- puede ser divertido. Independientemente del trabajo y de dónde se realice; incluso en los lugares donde menos te lo esperas, como las organizaciones gubernamentales o los fabricantes de electrodomésticos en China.

Buscamos organizaciones avanzadas de todos los tamaños. Algunas eran multinacionales, otras eran pequeñas pero perfectamente formadas, desde las profundidades del pólder holandés hasta el otro lado del planeta. Investigamos muchos sectores interesantes, incluyendo la manufactura, el gobierno y un banco con miles de empleados. Incluso un submarino americano. Nuestra Bucket List está llena de compañías inspiradoras que se encuentran en los lugares más improbables, y eso es a veces parte de su fortaleza. Es una prueba directa de que puedes hacer que el trabajo sea agradable y gratificante, incluso en los entornos más desafiantes. Es posible en cada compañía, y puede ser aplicado en cada industria, en todas partes del mundo. Era hora de empezar a marcar estos nombres, pero antes de empezar nuestra historia, hay una idea que nos gustaría compartir. Este libro no pretende ser una solución prefabricada, un hechizo para convertir tu lugar de trabajo en un paraíso. Estas ideas son inspiración para el cambio. Saca de ellas lo que necesites. Este libro es un abanico a opciones, ideas e inspiración, no una doctrina a seguir. Lo que hagas con él depende de ti y esperamos que disfrutes del viaje.

BUCKET LIST

Nuestra Bucket List está compuesta por pioneros, rebeldes, revolucionarios, académicos, empleados, empleadores y líderes empresariales, personas que cambian la cara de los lugares de trabajo frustrantes y traen alegría al trabajo.

Hemos tachado nuestra Bucket List visitando a estos individuos y organizaciones. Hemos aprendido de ellos y compartimos sus ideas. Echa un vistazo a la lista completa y más reciente en www.corporate-rebels.com/bucketlist. Haz clic en los nombres y lee nuestros hallazgos.

170 PIONEROS

Aaron Dignan
Abdulla Al karan
Adan Grant
Alexander Kjerulf
Amy Edmondson
Anja van Der Horst
Ari Wienzweig
Arnaud Collery
Atlassian
Agosto
Bakker van Maanen
Barry Lutgens
Basecamp
Remolacha
Ben Kuiken
Bill Fischer
Botcon
Brenen

Brewdog
Bruggink van der Velden
Plantas Bunnik
Bushe
Buurtzorg
Carin Wornsbecker
Carlos Saba
Centigo
Charlie Kim
Chipper Bro
Chris Rufer
Chris Elite
Christobal Colón
Chuck Blakeman
Clovis Bojikian
Cyberclick
Dan Price
Daniel Pink
Daniel Urban
Darren Childs
David Burkus
David Heinemeier Hansson
David Marquet
David Tomas
Dee Hock

Dennis Bakke
Dominic Jackman
Doug Kirpatrick
Edalco
Eddie Obeng
Emmanuel Duez
Espiral
Familiehulp
Finext
Fons Tompenaars
FPS Seguridad Social
Francesca Tino
Frank van Massenhove
Frederic Laloux
Freitag
Futurice
Garry Rige
Gary Hamel
Los buenos rebeldes
Goodwood
Google
Pagos por gravedad
Haier
Handi. Ulukaya
Handelsbanken

Feliz
Harm Jans
Haufe Umantis
Tecnologías HCL
Helen Bevan
Henry Mintzberg
Henry Stewart
H-Farm
Hollands Kroon
Happenbrowers
Hutten
IDEO
Incentro
Isaac Getz
Jaap Peters
Jack Hubbard
Jack Stack
Alfombras de Jaipur
James Watt
Jason Fried
Jason Trost
Jean Francois Zobrist
Jean Delwang
Jens Wiklund
John Lewis

Jos De Blok
Julian Birkinshaw
K2K Emocionando
Katarina Berg
Kath Blackham
Kees Pater
Ken Everett
KHDA Dubai
Koekjesbakkerij
Veldt
Koldo Saratxaga
La Fageda
Lars Kolind
Laszlo Bock
Marc Stoffel
Mario Kaplan
Mark Vletter
Massimo Bottura
Mathieu Weggeman
Matt Black Systems
Matt Perez
Megan Reitz
Meghan Messenger
Innovaciones Menlo

Mike Arauz
Mindbox
Morning Star
Nand Kishore Chaudhary
Nearsoft
Netflix
Próximo salto
Nikki Tatenby
Niverplast
Patagonia
Patty McCord
Paul Green Jr.
Propellernet
Kiwi
El Grupo Rebelde
Remmelt Schuuring
Rene van Loon
Ricardo Semler
Richard Branson
Richard Nieuwenhuis
Richard Sheridan
Rosabeth Moss Kanter
Rose Marcario
Schoenen Torfs
SchoonGewoon

Semco
SEMrush
Sharmadean Reid
Simon Sinek
Sjoerd van der
Velden
Smarkets
Sol
Spotify
Stanley McCrystal
El listo...
TMC
Tom Peters
Tom van der Lubbe
Tony es de chocolate
Traci Fenton
Uzi
UKTV
Upstalsboom
Vagas
Válvula
Versa
Viisi
Vineet Nayar
Virgen
Vkusvill

Voy
W.L. Gore
WCLC
WD40
Boda
Wouter Torfs
WP Haton
Xavier Huillard
Yuri van Geest
Ives Morieux
Uvon Chouinard
Zappos
Zhang Ruimin
Zingerman

CAPITULO 1

DESDE LA GANANCIA AL PROPÓSITO Y LOS VALORES

Está muy oscuro en la camioneta. La conocemos lo suficiente como para encontrar cosas en la oscuridad; hemos estado viajando por California durante el último mes, pero esta es nuestra última semana en los Estados Unidos. La autopista 1 ha sido nuestro hogar durante tres semanas, una magnífica y serpenteante carretera costera que va desde Los Ángeles a San Francisco. La alarma del reloj sonó temprano porque hoy tenemos una cita de trabajo con Rebeldes. Enrollamos nuestros sacos de dormir y doblamos nuestras camas sintiendo el propósito. La playa de Ventura, ¿recuerdas? Pronto estaremos parados en las frías arenas, observando a los delfines y a los surfistas y esperando a nuestro primer pionero en buena gestión de personas: Chipper Bro, uno de los primeros empleados de Patagonia.

Patagonia es una empresa americana de venta al por menor fundada en 1973 por el fanático alpinista Yvon Chouinard. La falta de equipo especializado en esos momentos lo obligó a hacer su propio equipo. Aprendió por sí mismo a forjar el hierro; así estaba de comprometido. Y el equipo que hizo no era basura de fabricación casera. Pronto se hizo tan popular entre la comunidad de escaladores que decidió ganarse la vida con esto. Poco a poco, la compañía que formó se convirtió en un competidor mundial. Se ha diversificado a lo largo de los años y, hoy en día, Patagonia no se centra únicamente en los escaladores, sino que fabrica equipos para esquiadores, practicantes de snowboard, surfistas, pescadores con mosca y corredores. Puede que te hayas dado cuenta de que ninguno de estos deportes requiere de motor; son actividades que priorizan el vínculo entre el atleta y la naturaleza. Por lo tanto, no es sorprendente que la sede de Patagonia esté enclavada en esta idílica parte de la costa californiana.

Vagamos por la playa disfrutando de la belleza de la mañana, pero preguntándonos donde diablos está Chipper Bro. Exploramos en la penumbra, pero antes de que vayamos más lejos, Chipper Bro llega en una camioneta blanca. Saca la cabeza: "Amigos, ¿están listos para surfear hoy?". Chipper Bro de Patagonia, oficialmente conocido como Chip Bell, es 11 veces campeón del mundo de estilo libre de Frisbee. Con su melena salvaje de rizos grises, Chipper parece un hippie. Sale de la camioneta y nos envuelve a los dos con el tipo de abrazos que se espera de los espíritus libres del sur de California. Pronto nos hace reír; y después de una rápida presentación abre la parte trasera de su camioneta. Está llena de equipos de surf. Chipper hurga y encuentra dos trajes de neopreno negros que nos quedan sorprendentemente bien. Naturalmente, son de marca Patagonia. Otra pelea dentro de la camioneta y sale de nuevo, esta vez con dos tablas de surf. Chipper nos arroja las tablas y nos indica el camino. "Antes de que hablemos de Patagonia", grita por encima del hombro, "quiero que experimenten lo que somos". Todavía hace frío, y hacemos algunos ejercicios para calentar los músculos.

Una sesión de surf es una introducción adecuada y totalmente acorde con la filosofía corporativa de su fundador. El título de la autobiografía de Yvon Chouinard dice mucho: "Let My People Go Surfing: The Education of a Reluctant Businessman" (Deja que mi gente vaya a surfear: la educación de un hombre de negocios reacio). Durante la siguiente hora hacemos torpes intentos de encontrar nuestro equilibrio mientras las olas grises nos lanzan hacia la orilla. Es más difícil de lo que parece. Chipper toma ola tras ola. Tratamos de engañarnos pensando que no lo estamos haciendo tan mal; y al final de la sesión logramos mantenernos en pie durante uno o dos segundos. Después de haber recibido suficientes golpes, lo dejamos. Agotados pero satisfechos caemos en la arena; detrás de nosotros el sol se digna por fin a mostrar su cara. Sentado con las piernas cruzadas en la playa, Chipper mira al otro lado del océano y dice: "Estoy súper emocionado de que estéis aquí. Quiero que conozcáis bien nuestra organización, así que vamos a la oficina. Un desayuno nos está esperando allí". Guardamos los trajes de neopreno y las tablas de surf, y en pocos minutos estamos en la sede central de Patagonia. No es la habitual sede de cualquier empresa, una aglomeración de edificios compactos y coloridos que albergan a unos 600 empleados. Vemos algunas caravanas en el aparcamiento; y varios coches con trajes de neopreno colgados para secarse. ¡Una sede central muy especial!

> La forma en que
> pasamos nuestros días
> es, por supuesto,
> la forma en que
> pasamos nuestras vidas.
>
> Annie Dillard

Como dice la escritora ganadora del Premio Pulitzer, Annie Dillard: "La forma en que pasamos nuestros días es, por supuesto, la forma en que pasamos nuestras vidas". El trabajo que hacemos dice mucho sobre la forma en que llevamos nuestras vidas. Imagina esto: tienes 80 años y estás rodeado de tus nietos. Te preguntan sobre las cosas de las que estás más orgulloso. Reflexionas sobre tu vida y hurgas en tu pasado. Lleno de orgullo, les cuentas sobre la vida que viviste... ¿Mencionas tu trabajo o el trabajo trascendente que hiciste con tus colegas? ¿Tu carrera contribuyó a un mundo mejor? Una investigación de la Universidad de Leiden concluye que el 25 por ciento[7] de los empleados dudan de la utilidad de su trabajo. En su libro "Bullshit Job"[8], el antropólogo David Graeber cita un estudio británico que muestra que el 37% de los trabajadores consideran que su trabajo no contribuye de manera útil a la sociedad.

Por supuesto, no siempre tenemos opción a un trabajo trascendente, especialmente cuando la gente solo está luchando para sobrevivir. Pero en el mundo occidental, esto no suele ser así. ¿Por qué aceptamos que el trabajo es solo para ganar dinero? ¿Por qué aceptamos trabajar para un jefe cuyo único objetivo es enriquecerse, y para accionistas que no miran más allá del próximo trimestre? Estas aspiraciones estrechas de miras no encajan bien con el pensamiento moderno, y dan como resultado empleados infelices. ¿Y si, en lugar de aceptar este tipo de situación, dedicamos nuestro tiempo a un trabajo que tenga un impacto positivo? Qué bueno sería trabajar para organizaciones que creen en el cambio positivo. Sentimos por nosotros mismos el doloroso desajuste entre el trabajo que hicimos para las grandes empresas y nuestro deseo personal de sentirnos útiles. Las decisiones se basaban en gran medida en el beneficio. Toda la estrategia se basaba en el dinero; la única medida del éxito es financiera. Centrarse en maximizar los beneficios promueve un pensamiento enfermizo a corto plazo. Los gerentes son empujados por los accionistas a tomar decisiones que aseguren un rápido retorno de la inversión, a menudo a expensas de todo y de todos. Esto no es bueno para el mundo y es desmotivador. Un reciente artículo en The Journal of Business Ethics[9], respaldado por cinco estudios, demostró que la motivación de los empleados es entre un 17 y un 33 por ciento mayor cuando el beneficio no es la principal preocupación. Estas son noticias antiguas; durante décadas la investigación ha demostrado que la búsqueda de un propósito más elevado motiva más fuertemente que la búsqueda de un mayor beneficio. Cuando visitamos al pionero de nuestra Bucket List y autor de superventas Daniel Pink (Drive: The Surprising Truth about What Motivates Us), aprendimos más. Dijo: "La pregunta, ¿qué diferencia hice en el mundo?, es esencial". "Ser consciente de tu contribución es extremadamente motivador. La paradoja es que muchas organizaciones no hacen nada cuando se trata de crear un propósito más elevado".

"Hay una gran diferencia entre lo que la ciencia sabe y lo que sucede en la vida real. Incluso las organizaciones que son conscientes de este tema cometen otro grave error: asumen que sus empleados y clientes no son tan brillantes. Así es como funciona: un líder se despierta y piensa "Sí, necesitamos movernos con los tiempos". Entonces toma la decisión de seguir "el bombo del propósito" y contrata consultores para decidir sobre su noble objetivo sin involucrar a sus empleados. ¿El resultado? Un objetivo. Maravilloso. ¿Y ahora qué? El establecimiento de un propósito no tendrá por sí mismo el efecto deseado. En el peor de los casos, es lápiz de labios en un cerdo: una farsa que desmotiva aún más a los empleados. ¿Qué tal una campaña para que el mundo sepa que la organización tiene un propósito? El resultado es un anuncio de televisión que hace sentir bien y una musiquilla pegadiza; nada cambia. Las decisiones siguen basándose en la misma motivación; los gerentes son ascendidos y recompensados en función de los beneficios a corto plazo, y los proyectos se evalúan en función del valor financiero. Nada cambia para los empleados, que nunca estuvieron involucrados en primer lugar.

La pregunta,
¿qué diferencia
hice en el mundo?,
es esencial.
Ser consciente
de tu contribución
es extremadamente
motivador. La paradoja
es que muchas
organizaciones no hacen
nada cuando se trata
de crear un propósito
más elevado

— Daniel Pink

ESTILO CALIFORNIA

La vibración que encontramos en Patagonia nos recuerda, de alguna manera, a una cabaña de montaña. El escritorio de Chipper está cerca de la entrada. Es, entre otras cosas, el recepcionista de Patagonia, la primera persona que muchos visitantes ven. Los empleados llegan de a poco mientras Chipper nos lleva al espacio compartido para el desayuno. El ambiente es relajado, hay una conversación tranquila y risas. Esta es la forma de empezar el día. Algunos están acompañados por niños, otros por mascotas. Este es el lugar de trabajo informal que sabíamos que existía y que hemos estado buscando...

Después de desayunar nos sentamos en la mesa de madera de picnic, bajo el ahora cálido sol de California. En el transcurso del día, un flujo constante de empleados viene a visitarnos. La gente comparte sus historias y responde a nuestro aluvión de preguntas. No hay un trabajador típico, ni un grupo de edad; hablamos con todo tipo de personas. Hay expertos en medios sociales, empleados de distribución, pasantes, miembros de la gerencia. Todos parecen compartir las mismas pasiones: vida al aire libre, deportes de adrenalina, fitness, naturaleza. En Patagonia, todo gira en torno a ese propósito superior. Se encarna en sus expresiones y actitudes. Esta es una colección de gente de pensamiento libre, divagante, inteligente, inusual e interesante, no de zánganos. Realmente creen en lo que hacen, y usan los productos en sus aficiones de tiempo libre. El vínculo con la naturaleza crea una especie de hermandad, pero también hay devoción por la organización. La autenticidad y el compromiso de los empleados de Patagonia son evidentes e inspiradores. Es algo que no se ve a menudo en un lugar de trabajo. "Queremos establecer el estándar para que otros lo sigan", nos dijo un empleado, "pero al final, queremos hacer lo correcto". Es maravilloso oír eso, pero ¿cómo funciona en el mundo real?

Una placa de madera, grabada con la declaración de la misión de Patagonia, cuelga sobre el escritorio de Chipper. Dice: "Construir los mejores productos, no causar daños innecesarios, usar los negocios para inspirar e implementar soluciones a la crisis ambiental". Toma la primera parte: construir el mejor producto. Esta es la razón de ser de Patagonia. La empresa se esfuerza en proporcionar lo mejor. El fundador Chouinard escribió en su autobiografía: "Somos un negocio impulsado-por-el-producto y sin esto no puede haber una empresa. Los productos útiles de buena calidad representan nuestra ancla"[10]. Esta actitud inspira a los empleados en muchos niveles. Cualquier tarea que se emprenda —establecer canales de medios sociales, proporcionar servicio al cliente, investigar y entregar estudios, equipar tiendas minoristas, dirigir el servicio de guardería— se hace con el máximo cuidado. Es lo mejor. Servicio de guardería, ¿hemos oído bien? Por supuesto. Nuestra mesa está rodeada de niños jugando felizmente mientras sus padres trabajan. Y de vez en cuando, un empleado se toma unos minutos para venir a jugar con los niños. Este servicio de guardería capta la esencia de nuestra búsqueda de muchas maneras; le preguntamos a Chipper Bro sobre ello. Fue una solución pragmática, explica. "Durante los primeros años, muchos de nosotros estábamos en edad de formar una familia. Algunos empleados, incluyendo a Yvon y su esposa Malinda, empezaron a traer a sus hijos al trabajo. No pasó mucho tiempo antes de que aparecieran las primeras cunas. Naturalmente, esto no fue emocionante para todos. Al fin y al cabo, niños llorando no es lo que quieres en tu lugar de trabajo. Pasaron otros dos años antes de que se presentara la solución. Contratamos a un experto y empezamos nuestro propio servicio de guardería".

En esto, también, Patagonia es pionera trabajando por una nueva legislación. El servicio está dirigido por profesores cualificados. Se anima a los niños a aprender de la naturaleza y a pasar el mayor tiempo posible al aire libre. Este servicio es genial para el personal, y la empresa se beneficia. "Después de la baja por maternidad, el 95 por

La gente de Patagonia
tiene un sentido de
unión. Esto minimiza
la necesidad de
normas y reglamentos.
El credo actúa
como una guía
para cada proyecto.

ciento de los empleados (de Patagonia) regresan al trabajo", nos dice una de las madres, "en comparación con la media nacional del 64 por ciento. La mitad de nuestros gerentes y miembros del equipo directivo son mujeres". Se hace evidente que esta tasa de retorno ahorra a Patagonia 350.000 dólares anuales[11] - la cantidad que costaría atraer, entrevistar y emplear a nuevos trabajadores. Bueno para la gente, bueno para los negocios. Y hay más en el propósito superior: no causar daños innecesarios, utilizar los negocios para inspirar y aplicar soluciones a la crisis ambiental. Patagonia considera el impacto de su proceso de producción y lo ha hecho durante años. Su examen de conciencia no tiene límites, y a veces tiene graves consecuencias para el negocio principal. Un empleado que ha estado en Patagonia desde el principio nos cuenta todo sobre esto. "Desde principios de los 80 empezamos a considerar nuestro papel como contaminadores. Por ejemplo, nuestro catálogo de productos. La versión en papel era un importante medio de venta. Lo enviábamos a todas partes".

"Pero se imprimía en papel normal y esto ya no era aceptable. En 1990 decidimos que usaríamos solo material reciclado, pero encontramos solo una alternativa aceptable, y aún estaba en la fase de pruebas. Suponía reducir la calidad de la impresión. Las imágenes se volvieron borrosas y los colores sosos. Pero se salvaron 14.500 árboles, así que valió la pena el esfuerzo. Al año siguiente, la reproducción mejoró y pronto el papel reciclado se ajustó a nuestro antiguo estándar".

La dedicación a ese propósito superior proporciona una clara dirección. Asegura que la compañía pueda tomar decisiones que la beneficien a ella y al planeta. Durante los años 90 la compañía, una vez más, revisó su cadena de suministro con ojo crítico. Patagonia investigó las características contaminantes de las fibras que más utilizaba: lana, poliéster, nylon y algodón. Los investigadores encontraron que el cultivo de algodón convencional es altamente contaminante pues utiliza muchos productos químicos que envenenan la tierra, el aire y las aguas subterráneas. El algodón es también una planta sedienta, un agotador de los preciosos recursos hídricos. En 1994, Patagonia tomó la audaz decisión de prohibir el uso de material convencional y sustituirlo por algodón cultivado orgánicamente cuando fuera posible. Una vez más, Patagonia fue pionera.

Fue una iniciativa arriesgada y con algunas consecuencias graves. En ese momento, el 20 por ciento de los ingresos de Patagonia provenían de productos hechos con algodón cultivado convencionalmente. El cultivo de la alternativa orgánica estaba todavía en sus inicios. Patagonia se sintió obligada a actuar y a crear toda una nueva industria con 20 millones de dólares de ingresos en juego. La empresa logró que su familia de trabajo apoyara esta resolución. Se organizaron excursiones a los campos de algodón locales. "Vimos el daño ambiental causado por el cultivo del algodón y el uso de pesticidas", nos dijo un empleado. "Pudimos experimentar los beneficios. Cientos de nosotros fuimos a estas excursiones, y la mayoría decidió comprar productos orgánicos a partir de ese momento. La organización apoyó la decisión". El dinero se puso donde importaba y en dos años el trabajo estaba hecho. Patagonia utiliza casi exclusivamente algodón orgánico, aceptando un aumento del triple del costo. Eso significó menos tipos de tela disponibles y una reducción de la diversidad de 91 a 66 estilos.

Ese propósito superior, -recientemente se actualizó a "Estamos en el negocio de salvar nuestro planeta natal"-, está profundamente arraigado. Analizamos a nuestros socios y trabajamos solo con organizaciones que actúan de manera sostenible y responsable. Pero claro, nunca estaremos 100% satisfechos. La mejora y la sostenibilidad son retos constantes. No se trata solo de hacer ropa o imprimir catálogos". La gente de Patagonia tiene un sentido de unión. Esto minimiza la necesidad de normas y reglamentos. El credo actúa como una guía para cada proyecto. Mejora la eficiencia y la comunicación, así como la autonomía. Nadie espera órdenes del jefe antes de actuar.

Un empleado más joven nos habla de la forma en que Patagonia ha creado un nuevo espacio de oficinas. "Nuestra preferencia es encontrar un edificio antiguo que podamos salvar de la demolición. Si no, construiremos, pero para la renovación y la decoración solo utilizamos materiales reciclados. Esta es la forma más responsable de hacerlo, y encaja bien con nuestra filosofía". Nuestra visita coincide con época de elecciones, y la gente de Patagonia se está involucrando. "Vota por nuestro planeta" es el lema de su campaña, establecido por los empleados, pero aceptado por todos. El objetivo es motivar a los americanos y empujarlos en la dirección correcta. Patagonia ha puesto un millón de dólares a disposición de los candidatos que abogan por el agua limpia, el aire limpio y la energía sostenible. Después de nuestra visita, la compañía cierra por hoy. "Queremos animar a los empleados y clientes a votar", explica Chipper. No mucho más tarde oímos su voz en el intercomunicador: "Damas y caballeros. Buenos días, les deseo a todos un día maravilloso. Mañana es importante, y les pido un pequeño favor: ¡No se olviden de votar! Cada uno cuenta".

No mucho después, Patagonia vuelve a hacer lo que dice. Dona las ganancias de sus ventas del Black Friday de 2016, un récord de 10 millones de dólares, a grupos ecologistas. Cada centavo. Al hacerlo apoya a cientos de organizaciones sin ánimo de lucro; este tipo de acción hace que Patagonia sea más que una marca. Es un asesor de la sociedad para el cambio que quiere ver, para marcar la diferencia e influir en las decisiones y responsabilidades de los consumidores. Esto es algo que veremos a menudo en nuestros viajes. Los pioneros empiezan las revoluciones y no solo ganan dinero. Hacen cruzadas.

EL CHOCOLATE Y LA REMOLACHA

Visitamos en Las Vegas la oficina central de la tienda online de zapatos Zappos, donde todo está diseñado para "entregar felicidad". Encontramos un ejemplo aún más poderoso en Ámsterdam, donde el confitero Tony's Chocolonely trabaja para eliminar el comercio de esclavos que ha plagado la industria del cacao y ha hecho del chocolate un placer cada vez más culpable. Y luego está el prestamista hipotecario Viisi, trabajando para crear un futuro sostenible para el mundo financiero. O la empresa sueco-ucraniana Beetroot, que trabaja para elevar el nivel de vida en la Ucrania rural proporcionando educación y empleo. Estos pioneros abrazan un propósito más elevado y se aseguran de que el enfoque nunca sea solo los márgenes de beneficio. Una fijación con las finanzas puede llevar al fracaso, pero las revoluciones nunca mueren.

Estas empresas creen que cada acción debe estar vinculada a un resultado ético, y los empleados simpatizan con esa actitud bondadosa. Como resultado, se sienten más cerca de sus empleadores. Un propósito inspirador da un sentido de pertenencia y la gente generalmente quiere ser parte de una comunidad. Quieren ser parte del cambio, parte de una revolución. Parte de algo que tiene significado. El beneficio es importante, por supuesto. Financia la búsqueda del propósito, pero debe ser el medio, no el fin. Los ingresos para una empresa son como el oxígeno para un humano: necesario para mantenerse vivo, pero no es la razón para vivir.

Un propósito superior define el objetivo. No dice cómo debe ser alcanzado, o cómo la gente debe interactuar. No necesita ser protegido por reglas, procedimientos y protocolos. Los valores fundamentales proporcionan dirección y motivación. Solo unas pocas empresas del mundo tienen valores que se adhieren y se usan como fuerza motriz. Los valores deben estar arraigados en todas las actividades: reclutamiento, selección, recompensas, incorporación, toma de decisiones, permisos, vacaciones. Las iniciativas deberían seguir este flujo. Eliminar las reglas sin establecer principios claros para tomar su lugar es irresponsable. Este es un ejercicio que debe ser más que una propaganda de la empresa. Se trata de la autenticidad.

En lo profundo del pólder holandés, hay un ayuntamiento que muestra el poder de un propósito superior inspirador. Intrigados por lo que hemos oído, volvemos a la carretera para visitar a los rebeldes Anja van der Horst y Wim van Twuijver. Son directores del Consejo de Hollands Kroon, una fusión de ciudades del norte. En nuestro camino, vemos un paisaje holandés tan típico que podría ser una escena de postal: un pólder con canales y molinos de viento. En las oficinas del consejo, Van der Horst nos lleva a un agradable espacio de trabajo. La iluminación se ve, de alguna manera, festiva. Esta directora de operaciones comerciales es una mujer con una sonrisa acogedora y una forma de ser afable. Con pelo corto y rizado, y una chaqueta de cuero negro, tiene un aspecto rebelde. Nos ofrece café y nos sentamos. Como una de las tres directoras, Anja van der Horst ha encabezado una notable transformación del consejo. "El nuevo municipio comenzó en 2012 en Holanda del Norte (uno de los 12 condados, o provincias, de los Países Bajos). Hollands Kroon comprende las ciudades de Anna Paulowna, Wieringen, Wieringermeer y Niedorp. Un grupo de alcaldes y concejales ha estado trabajando para lograr el cambio. Se preguntaron: "¿Qué estamos logrando?", ¿Cuál es nuestro valor añadido? ¿Qué queremos aportar a los ciudadanos?".

Hollands Kroon decidió convertirse en el municipio más inteligente de los Países Bajos, en respuesta a un mundo siempre cambiante. "La gente pide rapidez, eficiencia y personalización", dice Van der Horst.

Terminamos
abandonando el
70 por ciento
de las normas.

Anja Van der Horst

"Eso significa que los gobiernos locales tienen que romper con los viejos patrones. ¿Se pueden hacer las cosas mejor, más baratas y más fácilmente?". El poder de los valores fundamentales proviene de la adopción de medidas estratégicas para mejorar, y eso es lo que hizo Hollands Kroon. Consideró seis valores centrales: confianza, agallas, entusiasmo, contacto, respeto e innovación, y los puso en práctica con la aportación de todos los empleados. "Es un proceso gradual. Los valores no son un propósito, son parte de nuestra identidad."

La confianza es lo primero; esto asegura que las reglas innecesarias puedan ser abolidas con seguridad. No hay necesidad de pedir permiso para salir o para verificar las horas de trabajo. Los empleados tienen voz para decidir cómo se gastan los presupuestos de educación y desarrollo. El poder de elección está en manos de los trabajadores. El servicio al cliente se revitalizó, y el código municipal sufrió una sacudida. "Terminamos abandonando el 70 por ciento de las normas", dice Van der Horst. "Creo que demostrar confianza trae muchas cosas buenas". La cooperación es la norma para los residentes de Hollands Kroon. Se centra en resolver los problemas digitalmente o a distancia. Las preguntas se responden a través de la página web, las redes sociales o por teléfono. Si aún se necesita ayuda, el funcionario visitará a la persona en cuestión para encontrar una solución. Los productos y servicios suelen ser gratuitos. Hollands Kroon es la primera municipalidad holandesa que entrega pasaportes sin costo alguno, seis días a la semana, en cualquier lugar de los Países Bajos. Este es el ayuntamiento que llegará a ti.

Hubo despidos inevitables, y aquí es donde el valor central de Respeto entró en juego. "Algunos se fueron por elección, pero otros fueron despedidos", explica Van der Horst. "Tratamos a todos con respeto, y todos nos dejaron como amigos. No fue necesario ningún procedimiento legal". Los que se unan deben pasar la prueba de los valores fundamentales. "Esto les ayuda a decidir si Hollands Kroon les conviene. También es donde todos los potenciales nuevos colegas tienen la oportunidad de "conocer" adecuadamente a Holland Kroon. Los currículums no importan, las personalidades sí. Solo cuando hay un buen ajuste, un candidato pasará a la siguiente ronda cuando las habilidades toman en consideración. A menudo hay dos o tres etapas de selección, cada una con diferentes criterios. A veces se trata del estudio de un caso, a veces de un juego de roles, y a veces de un día de trabajo de prueba. Hay muchas posibilidades".

Vimos principios similares en el servicio de transmisión de música Spotify, que se rige por el lema: "Contratar para la cultura, entrenar para las habilidades". De las 100 personas que recluta cada mes, primero se presta atención a un ajuste cultural. solo más tarde se centrará en los talentos, las cualificaciones y las habilidades. La directora de RR.HH. Katarina Berg nos iluminó cuando visitamos la oficina central en Estocolmo. "Primero lo hicimos al revés", dijo. "Eso hizo difícil no contratar a alguien que tuviera excelentes habilidades pero que no encaja con nuestros valores fundamentales. Así que, primero hacemos la entrevista cultural. Este pequeño cambio realmente ayudó a fortalecernos".

En Hollands Kroon, se han tomado medidas más radicales, y los resultados son notables. Los gerentes y departamentos se han organizado en una estructura de tres directores y 35 equipos autogestionados de una media de cinco a ocho personas. Estos equipos son responsables de sus presupuestos, reclutamiento, comunicaciones y se ponen a disposición de los residentes. Las oficinas privadas han sido abolidas junto con la mentalidad de "fichar". Pasos bastante rebeldes para una organización con 330 empleados. Especialmente una gubernamental.

PRÁCTICAS PIONERAS DE TODO EL MUNDO

Los propósitos empresariales más elevados y los valores fundamentales pueden parecer muy poco exigentes, pero una vez que se consideran los posibles beneficios, se puede llegar a considerar que son imperativos. Nuestros pioneros en la Bucket List han demostrado que el propósito vale la pena. Mejora la motivación y la participación del personal y está directamente relacionado con mejores resultados financieros. Las empresas que se centran en un propósito más elevado tienen un rendimiento hasta 10 veces mejor que la competencia12. Los consumidores están dispuestos a pagar más por los productos y servicios de las empresas que se centran en tener una influencia positiva13.

En el Harvard Business Review, el profesor Adam Grant y sus colegas discuten lo que una organización debe hacer para atraer y retener el talento14. Sus conclusiones no son sorprendentes: un propósito más elevado y unos valores básicos decentes son fuertes motivadores. ¿Cómo se asegura que el propósito y los valores de una organización se conviertan en algo central? ¿Qué nos han mostrado estas más de 100 visitas a pioneros? ¿Qué diferencia a los avanzados? Aquí tienes algunas formas rebeldes de hacer que tu organización se levante y destaque.

NIVEL 1. TEN UN PROPÓSITO AUDAZ

¡Entra de golpe! Luego alcanza a las almas afines en las empresas, organizaciones benéficas, proveedores, y tus clientes y empleados. Anímalos a unirse a la revolución - o al menos a contribuir a la tuya-. El propósito debe marcar casillas: debe ser auténtico, honesto, intrépido y real. Es una brújula moral empresarial, que ayuda a establecer un rumbo firme en los buenos y malos tiempos. El propósito superior debe proporcionar un verdadero sentido de dirección, especialmente en tiempos de frustración o pérdida. No importa cuán confusas o desafiantes se vuelvan las cosas, tu propósito es tu roca. Los ejemplos más poderosos proporcionan respuestas a preguntas como: ¿Por qué existe nuestra empresa? ¿Por qué hacemos lo que hacemos? ¿Cuál es nuestro valor añadido? ¿Quiénes somos? ¿Queremos hacer lo que decimos? ¿Para quién hacemos esto? ¿Qué diferencia queremos conseguir? Las respuestas deben dar pautas para cada acción, cada decisión, cada persona.

NIVEL 2. LLEVA EL MENSAJE A TODOS

El propósito superior debe ser compartido. Ya sea tu primer día en la organización o el último, seas o no el jefe, el propósito no cambia. Piensa en Patagonia y en los viajes a los campos de algodón. Considera el ejemplo de Zappos donde todos los empleados trabajan en el servicio al cliente antes de asumir otros roles. Estas personas obtienen una experiencia que les ayuda a entender por qué las cosas se hacen como se hacen.

El propósito superior y los valores fundamentales deben aplicarse en todas las áreas. Asegúrate de que cada departamento, cada equipo, cada persona sea consciente de su contribución.

NIVEL 3. CONTRATA PARA LA CULTURA, ENTRENA PARA LAS HABILIDADES

El fundador de Southwest Airlines, Herb Kelleher, dijo una vez: "El negocio de los negocios es la gente". Southwest contrata por valores. Entiende que los empleados son los custodios de la cultura empresarial. Vale la pena ser despiadado en esta área. Puedes entrenar a la gente para volar aviones y servir a los pasajeros, pero no puedes cambiar lo que son. Por eso esta aerolínea trabaja duro en la contratación atenta que filtra o redirige a los no aptos para sus funciones dentro de un período de prueba de seis meses. Una encuesta entre los empleados mostró que el 75 por ciento consideraba que su trabajo era "una vocación", y el 86 por ciento estaba orgulloso de trabajar para la aerolínea15. ¿No se trata de eso?

NIVEL 4. MIDE EL IMPACTO, RASTREA EL PROGRESO, COMPÁRTELO AMPLIAMENTE

¿Estás logrando los objetivos? Los empleados necesitan ver su propio trabajo como parte de un cuadro más amplio. Saber que sus acciones contribuyen a un bien mayor proporciona una inmensa satisfacción. Medir y ser transparente, auténtico y honesto. Cada año, Patagonia revela sus tasas de contaminación y las de las organizaciones sin ánimo de lucro que apoya. Tony's Chocolonely mide cómo se ha desarrollado la esclavitud en la industria del cacao y comunica honesta y abiertamente esa información.

NIVEL 5. PON TU DINERO DONDE IMPORTE

No importa cuán fuerte sea tu voz, tus acciones son muy importantes. La autenticidad y la credibilidad se pierden cuando no se cumplen. Patagonia detuvo las líneas rentables para reducir la contaminación y donó sus ganancias del Black Friday a causas dignas. También dirige el uno por ciento de sus ingresos anuales a organizaciones sin ánimo de lucro. Cada día se mantiene en su propósito superior.

CAPITULO 2

DESDE LA PIRAMIDE JERARQUICA A LA RED DE EQUIPOS

Desde 2016, hemos visitado nuestra justa porción de CEO, empresarios, académicos y gurús, y poner un pie en la puerta no siempre es fácil. Hemos perfeccionado nuestras habilidades de acecho y hemos conseguido algunas reuniones maravillosas. Sin embargo, estamos intentando conseguir una invitación para una de las empresas de nuestra Bucket List: el fabricante chino de electrodomésticos y electrónica Haier. Intentamos muchas veces contactar al CEO Zhang Ruimin, sin éxito. Nuestra suerte cambió después del enésimo correo electrónico, otra llamada telefónica y algunos favores. En los Premios Thinkers50 de Londres, recibimos una invitación a la oficina central de Haier en Qingdao.

Estamos ansiosos por mirar entre bastidores. Un mes después, nos encontramos en un avión que se dirige al este. Es tarde cuando llegamos a Qingdao, donde dos empleados de Haier nos están esperando. Nos dan una breve introducción, mientras el conductor del minibús navega por el caótico tráfico chino. Nos revelan el programa de la semana que viene, un imponente documento que se asemeja al itinerario de una misión comercial internacional. Cada día se planifica con visitas a las fábricas y al museo Haier, así como reuniones con los empleados. Por supuesto, el punto culminante será la conversación con Zhang Ruimin.

Es la semana antes de Navidad y pasamos unos días en Qingdao, una ciudad costera, para formarnos una imagen del territorio de la organización, para estudiar a nuestras presas en su entorno natural, por así decirlo. Tenemos jet lag, pero no hay tiempo para una aclimatación tranquila. El conductor está en nuestra puerta muy temprano para llevarnos a la sede central. No estamos solos. En honor a nuestra visita, Haier ha dispuesto que un traductor y un periodista vuelen desde Shanghái. Y eso no es todo. Poco después aparece un equipo de cámaras del canal de televisión de Haier. La gente de Haier está dispuesta a compartir, pero eso funciona en ambos sentidos; quieren oír lo que hemos aprendido de los demás. Estamos de acuerdo con eso, pero para nosotros es el momento de desvelar finalmente los secretos de Haier. Esto significa mucho para nosotros. Nos hemos preguntado cómo un gigante de la producción con una fuerza de trabajo del tamaño de un modesto centro regional puede funcionar y reinventarse a sí mismo. Lo queremos de la fuente original y eso significa tiempo con Zhang Ruimin, el enigmático jefe ejecutivo de Haier.

Zhang es un amistoso hombre de 70 años de edad, sabio y bien versado en negocios. Ha estudiado historia de la gerencia y se dedica a citar a algunos de los gurús que también admiramos. Cada dos minutos hace referencia a Peter Drucker y Gary Hamel. Ruimin merecería ser citado él mismo. En algún lugar fuera de esta oficina eso, sin duda, está sucediendo. Pero Ruimin es un hombre humilde, a pesar de la aparente magia que se requiere para convertir a Haier de una pequeña fábrica casi en bancarrota en el mayor fabricante de electrodomésticos del mundo. El proceso ha llevado cuatro décadas.

Por lo tanto, no es del todo sorprendente cuando, durante una de nuestras últimas visitas, nos encontramos con Gary Hamel. Este profesor americano y autor de superventas ha estado luchando contra la paralizante enfermedad organizativa de la burocracia durante años. A pesar de la batalla de Hamel, hay muy pocos cambios reales. Su estudio muestra que las empresas más grandes tienden a ser más conservadoras y todavía cuentan con ocho o más niveles de gerencia. Ocho. Y cada uno de estos niveles suele tener algo que decir sobre el trabajo que hace la gente de la parte inferior de la pirámide.

"La burocracia está aumentando", nos dice Hamel. Pero, ¿por qué? Las organizaciones están creando reglas y centralizando. Eso cuesta dinero. Mucho dinero. Según el estudio que Hamel y su colega Michele Zanini llevaron a cabo, los efectos de la burocracia le cuestan a la sociedad, solo en los EE.UU., unos 3 billones de dólares cada año. La estructura es un feo pico con la junta directiva en la parte superior, y debajo de eso, capa por capa, los niveles de gerencia. En el fondo de este sofocante montón están las personas que llevan a cabo el verdadero trabajo. Esta es una receta para el desastre, y la comunicación entre los departamentos es defectuosa porque cada uno defiende su pequeño feudo. Es comprensible; después de todo, cada departamento es juzgado por su desempeño. Ventas hace un trato y lo lanza a Producción. Producción trata de correr con la pelota, pero al hacerlo choca con Marketing. Marketing tiene su propia batalla con Finanzas y Finanzas lucha contra todos. Esta guerra fría a menudo tiene prioridad sobre el esfuerzo por complacer al cliente, lo cual no le hace ningún favor a nadie. Según los estudios, las estructuras tradicionales preocupan al 92 por ciento de los gerentes de organización que lo ven como la mayor prioridad, y con razón. Pero a pesar de la aparente conciencia, en la práctica hay problemas que superar. De los líderes encuestados, el 86% se están tirando de los pelos porque no saben cómo abordar este asunto.

Hay una gran diferencia entre reconocer la necesidad de un cambio y hacerlo realidad. En lugar de proporcionar actualizaciones regulares, muchas empresas siguen atendiendo a lo que mejor saben hacer. Siguen prácticas dudosas, como las interminables reuniones de coordinación y actualización. Una investigación de la Universidad de Nebraska muestra que cada día hay hasta **55 millones** de reuniones en los EE.UU.[16], y el empleado medio pasa seis horas a la semana en una de ellas. Es aún peor para los gerentes que, en promedio, pasan alrededor de 23 horas en reuniones cada semana. Y al menos la mitad de esas horas son eventualmente consideradas "improductivas", es decir, una pérdida de tiempo y dinero. La dolorosa consecuencia, según los investigadores, es que las organizaciones "malgastan 213.000 millones de dólares (equivalentes a los planes de gasto fiscal de California para 2019) en malas reuniones que, muy a menudo, solo empeoran las cosas".

SUSURROS CHINOS

En Haier, sabemos que Zhang Ruimin puede contarnos todo sobre los líos burocráticos. Pero hay un problema: él no habla inglés y nosotros no hablamos mandarín o cantonés. Se pone en marcha un proceso enrevesado. La primera etapa es una sala con sillas de cuero y una mesa de madera de grandes dimensiones: su sala de reuniones normal, con espacio para al menos 20 personas. Los micrófonos están espaciados uniformemente; los Corporate Rebels se sientan a un lado, Zhang y su séquito al otro. Hacemos preguntas a través del traductor. También en la sala hay un equipo de cámaras que registran cada detalle, un par de fotógrafos que se alejan y un pequeño ejército de otros cuya función

¿Qué haces con 76
refrigeradores dañados?
Llamé a mis empleados
para que se unieran
a mí, tomé un mazo y
rompí uno de ellos
en pedazos.

— Zhang Ruimin

no está clara. A pesar de la barrera del idioma, la conversación fluye sin problemas. Zhang explica el camino y los desafíos del proceso de transformación.

Los cambios rara vez son permanentes y pocos duran tanto como una década. Zhang nos lleva en el viaje de las cinco mayores transformaciones de Haier. Es una lección instructiva para una gestión exitosa. "En 1984 fui nombrado jefe de la fábrica local de refrigeradores por el consejo de Qingdao", recuerda Zhang. "Era una apuesta por su parte, pero la fábrica llevaba años sufriendo pérdidas. Se convirtió en mi trabajo hacer algo de este caos". No fue una hazaña insignificante porque los años de mala gestión significaron que la fábrica tenía una gran deuda, el taller era un desastre, y casi nadie trabajaba porque simplemente no había mucho que hacer.

"Recibimos una carta de un cliente enojado. Su recién comprado refrigerador ya estaba roto. Fue una sorpresa desagradable y revisé las existencias de la fábrica. Me quedé sin palabras. El 20 por ciento de los refrigeradores que la compañía había fabricado, 76 en total, estaban defectuosos. Esto era inaceptable. Pero, ¿qué haces con 76 refrigeradores dañados? Por impulso, hice que los pusieran en exhibición en el medio de la fábrica. Llamé a mis empleados para que se unieran a mí, tomé un mazo y rompí uno de ellos en pedazos. No fue la acción más civilizada pero tuvo el efecto deseado. Los refrigeradores eran muy caros en ese momento, un promedio de dos salarios de un año completo para un trabajador de la fábrica. Mi personal se quedó mirando, horrorizado.

"Cuando terminé de romper el primer refrigerador, les invité a hacer lo mismo con el resto". Este dramático acto fue el comienzo de una transformación que duró décadas. Después de la orgía de destrucción, Zhang convocó una reunión. Fue el punto de partida de la primera gran transformación. "Quería desesperadamente orden. China no tiene mucha historia de gestión en la que basarse, así que no sabía por dónde empezar. Empecé a profundizar en las ideas de gestión de Occidente y Oriente. Mirando a Occidente, vi que muchas empresas en América y Europa se organizaban en pirámides jerárquicas. Las empresas japonesas estaban experimentando con principios como Lean y Gestión de la calidad total".

"Eso nos inspiró para organizar la fábrica como una pirámide y centrarnos en la mejora constante y la innovación". Haier pronto se convirtió en un nombre respetado en el mercado chino. Llegó a ser sinónimo de productos de alta calidad y los premios llegaron. Después de que Haier se hiciera un nombre en casa, el reconocimiento global se convirtió en la meta. Zhang sabía que para seguir creciendo tendría que producir una gama de productos. Durante los años 90, se tomó la decisión de comprar fábricas con pérdidas. Zhang utilizó una estrategia inusual aquí. Haier adquirió solo las fábricas que cumplían dos requisitos: un buen producto... y una mala gestión.

Al cambiar el estilo de gestión de estas fábricas, Haier las convirtió rápidamente en ganancias, sin poner mucho dinero. Zhang aprendió lo importante que es escuchar a los empleados. "Mientras el personal esté preparado para usar su talento, la administración es exitosa. En los años 90, nuestro principal objetivo era construir una marca de fama mundial. Teníamos que dar a los empleados espacio para contribuir". Irónicamente, o de forma reveladora, fue el rápido crecimiento de los 90 lo que puso de manifiesto las limitaciones de la pirámide jerárquica. El progreso de Haier se ralentizó y el rendimiento se fue a pique. Era el momento de reagruparse. "Cuando nos dimos cuenta de que teníamos que reemplazar la pirámide", dice Zhang, "una vez más me fijé en los estilos de gestión global". En Occidente vi el surgimiento del modelo matricial. Los empleados se dividían en equipos basados en la función, informando a los superiores y a los jefes de proyecto. Esta forma de control de múltiples cabezas resultó ser exactamente lo que necesitábamos".

Durante esta segunda transformación, Haier renació en el modelo matricial. Junto con esto vinieron iniciativas para estimular la innovación. Los empleados que presentaban las propuestas más efectivas para mejorar los asuntos o resolver un problema pernicioso eran recompensados, y tenían el honor de que sus innovaciones llevaran su nombre. Durante nuestra visita a una de las fábricas de Haier fuimos testigos de esto. Un empleado nos habló de un proceso que llevaba su nombre y como ganó el respeto de sus colegas. Esto condujo a constantes ideas luminosas, con los empleados impulsados a pasar su propio tiempo desarrollando proyectos e ideas. Vino un período de expansión, creció tan rápido que en los últimos años de la década Haier se convirtió en el mayor fabricante de refrigeradores de China. El éxito llevó a las exportaciones, bajo su propio, aunque impopular, nombre. Esto era inusual en China, donde los productos se fabrican generalmente bajo licencia de marcas occidentales. La confianza de Zhang en su personal y sus productos significó un voto de confianza en la organización.

La audaz táctica rápidamente dio sus frutos. Haier había dejado su huella en mercados en desarrollo y establecidos, local e internacionalmente. Tras el cambio de milenio, Haier tenía una marca que no solo era reconocida, sino admirada. Pero en los negocios, las cosas nunca parecen funcionar bien por mucho tiempo. Las cosas en Haier empezaron a ir mal una vez más. El personal comenzó a encontrar limitaciones en la matriz. La producción se ralentizó, la frustración se instaló, los sistemas internos parecían perder eficiencia.

La gente pasaba más tiempo escribiendo informes que trabajando para los clientes.

"La pirámide funcionó muy bien durante los años 80 y la matriz fue excelente en los 90", nos dijo Zhang, "pero a principios del milenio crecimos tanto que el sistema no pudo seguir el ritmo". Era otra vez tiempo de transformación, pero ahora el cambio, una vez temido y evitado, se había convertido en una parte anticipada de un progreso continuo e incluso bienvenido. Zhang vio que las multinacionales estaban experimentando con organizaciones satélites. A principios de la década de 2000, decidió seguir el ejemplo. Con el impresionante auge de Internet, la cuarta transformación llegó antes de lo que Haier había previsto. La red mundial permitió a los clientes comparar productos y servicios y en consecuencia exigir que sus necesidades específicas fueran satisfechas. Haier decidió ajustar la oferta a la demanda y entregar los productos solo cuando el mercado estuviera listo. Zhang dio el audaz paso de trabajar sin existencias y producir por encargo. Eso es arriesgado porque no quieres hacer esperar a los clientes. Para minimizar el tiempo de entrega Haier comenzó a aumentar la producción local comprando marcas extranjeras. En Japón adquirió el departamento de electrodomésticos de Sanyo; en Nueva Zelanda se hizo cargo de Fisher & Pakel. En Estados Unidos Haier fue tras un nombre familiar, General Electric, y consiguió una compra parcial.

Todavía sentado en la enorme mesa de conferencias de Haier, Zhang continúa: "También trabajamos duro para cambiar las cosas internamente. Comenzamos a sentir el cuello de botella mientras tratábamos de complacer a los clientes. Sabíamos que era hora de otro cambio. Dondequiera que mirara, solo veía pirámides, matrices y organizaciones satélites. No pude encontrar evidencia de ninguna otra innovación importante y no encontré mucha inspiración. Este fue el momento en que nos convertimos en pioneros".

La cultura de la oficina central fue desmantelada. El proceso fue obstaculizado y dificultado por aquellos en el poder, que se mostraron reacios a soltar el volante.

PENSANDO COMO EMPRESARIOS

Zhang arrojó la estructura tradicional por la ventana dividiendo la compañía en 2.000 Zi Zhu Jing Ying Ti's (ZZJYTs). Estas son unidades autorganizadas, que se alejan de las pirámides jerárquicas hacia las redes de equipos. Estos equipos ZZJYT proporcionan a los empleados la libertad de seguir innovando y pensando como empresarios. En esta estructura, cada uno puede proponer un nuevo producto o servicio. Los trabajadores, proveedores y clientes decidían por votación qué propuestas tenían más potencial, y éstas se utilizaban para crear nuevas unidades ZZJYT. La persona a la que se le ocurría la idea era nombrada líder. Él o ella entonces reuniría un equipo y todos los demás empleados podrían unirse a la ZZJYT, si pensaban que serían capaces de añadir valor. A partir de este punto, las recompensas se basaban en el rendimiento. Los equipos ahora se asemejaban mucho a pequeñas empresas autónomas.

Haier está siempre evolucionando y también lo hace Internet, lo que fascina a Zhang: "Creo que en el futuro solo habrá dos tipos de organización: las plataformas online y las que dependen de ellas". Esa es la filosofía que empujó a Haier en una dirección que ha seguido desde 2012 en su quinta, y más reciente, encarnación. Ha implementado gradualmente su modelo RenDanHeYi con el objetivo de eliminar la burocracia, derribar las paredes de la organización, mejorar el tiempo de respuesta y fomentar el pensamiento empresarial. Esto ha traído cambios radicales. En una decisión importante, 12.000 puestos de gestión media fueron despedidos y 2.000 ZZJYT se convirtieron en 4.000 microempresas.

Como su nombre indica, son pequeñas empresas autónomas dirigidas por empleados. La mayoría tienen alrededor de 15 empleados, algunas son más pequeñas, otras tienen hasta 200. Los empleados, o empresarios, como se les llama, son los únicos responsables del suministro de productos y servicios. Deben mantener su empresa a flote y asegurar una óptima atención al cliente. Los clientes pueden ser internos (microempresas que prestan servicios de RR.HH. a otras personas de la organización) o externos (los que compran los refrigeradores o los microondas). Las microempresas se conectan entre sí y con los proveedores. Aseguran la creación de un mercado en el que todas las empresas están afiliadas a las mismas plataformas online para colaborar y cooperar.

Zhang nos impresiona aún más con su desarrollo más reciente. "Creamos una organización que pone el espíritu empresarial en su centro. Cada uno puede ser su propio CEO". Los empleados ahora tenían capacidad de hacerse cargo de sus propias decisiones: podían tomar casi todas sus decisiones sin consultar a los superiores o romper el protocolo. Desde RR.HH. hasta la elección de los líderes, la determinación de la división de los beneficios y la estrategia, el poder estaba en sus manos. Haier incluso ha empezado a experimentar con la propiedad compartida, con empleados que se convierten en accionistas de la microempresa en la que trabajan. Está dispuesto a ir hasta el final en la creación de una red de equipos y ha dado el siguiente paso: una red de empresas.

La historia de las muchas transformaciones de Haier es inspiradora. Este es el tipo de cosas que nos propusimos descubrir, y compartir, a través de nuestra Bucket List. Es la historia de una empresa que se lee como un cuento de aventuras, un viaje del pasado al presente, y el posible futuro de la ciencia organizacional. Pero lo que la hace aún más gratificante es el modelo único que aporta a la gente que trabaja allí. Queremos profundizar en el mundo de las microempresas después de nuestra conversación con Zhang, para descubrir las tuercas y los tornillos. Pretendemos averiguar si el sistema realmente trae a la vida la motivación y el espíritu empresarial.

Es dolorosamente obvio:
el sistema en el que
muchas personas todavía
trabajan fue creado
para un mundo estable,
lento y predecible
que ya no existe.

Una de las muchas microempresas que estudiamos es una compañía llamada Thunderobot. Hablamos con muchos trabajadores de Haier, entre ellos Lu Kailin que, en su anterior papel, fue responsable de la división de portátiles de la empresa. "Descubrí una creciente necesidad de ordenadores específicos para juegos", nos dice. Kailin y sus colegas idearon un plan para abordar esta necesidad creando computadoras para jugar. No fue sencillo, pero después de "resolver los problemas", el equipo quiso desarrollarlo. Haier había creado una plataforma de inversión interna para dar a los empleados acceso al financiamiento, al nombre de la compañía, a la marca y a todas las conexiones. La microempresa fue capaz de escalar los beneficios dentro de la cadena de suministro y acceder a la experiencia interna de otras divisiones: finanzas, marketing, recursos humanos. Esta era una plataforma de incubación de start-ups.

Lu Kailin y sus colegas cosecharon los beneficios. En el verano de 2013, su idea creció hasta convertirse en Thunderobot, Lu y sus compañeros se convirtieron en empresarios. En diciembre de ese año, el primer portátil salió al mercado. Fue un gran éxito. "Vendimos 500 en los primeros cinco días", dice Lu, "y durante la segunda entrega, se colocaron 18.000 pedidos en 21 minutos". Los ingresos crecieron con la misma rapidez y en 2017 superaron la marca de los 100 millones de euros. En los últimos años, los inversores externos se acercaron a la mesa y Thunderobot estaba listo para cotizar. El proyecto muestra cómo Haier ha desarrollado, eliminado, cambiado o manipulado los límites para crear una era cooperativa. Le preguntamos a Lu qué efecto tuvo todo esto en él. "Ni en un millón de años pensé que podría crear una compañía como esta", sonríe. "Desde el comienzo de Thunderobot he sido capaz de desarrollarme de muchas maneras. Mi anterior empleador nunca me habría permitido hacer esto. Comparto la motivación de cada persona de nuestro equipo. Todos son emprendedores, proactivos y están involucrados. "No siempre ha sido fácil, y la responsabilidad personal ha crecido. Debemos continuar tomando decisiones difíciles con los salarios, las acciones, las contrataciones y los despidos. Todo eso es difícil, pero trae una gran sensación de satisfacción".

En visitas posteriores, escuchamos más historias como la de Lu y vimos a dónde conduce la estructura única de Haier: a la iniciativa empresarial, la motivación y el desarrollo. Ciertamente está dando sus frutos para la empresa. El éxito de las nuevas empresas es de alrededor del 50 por ciento. Si eso no suena impresionante, considere que solo un ocho por ciento de las start-ups sobreviven, y mucho menos tiene éxito [17]. El crecimiento de Haier en los últimos años ha sido explosivo. Al recordar nuestras conversaciones con Ruimin, podemos ver cómo su visión se hizo realidad. El idiosincrásico líder con el mazo destruyó esos refrigeradores con un cierto tipo de amor, y con cada golpe de martillo también destruyó el viejo sistema. Una organización burocrática y chapucera fue reemplazada por una estructura flexible y adaptable. Zhang tiene una metáfora para explicar las 4.000 microempresas. "Tratamos de organizarnos como una selva tropical", dice. "Con el tiempo, todos los imperios se derrumban. Una selva tropical, por otro lado, continuará".

La forma en que Haier se ha organizado es comparable a la de muchos otros pioneros. Después de nuestro viaje a China, nos encontramos con muchos que han descubierto la misma estructura y se han beneficiado de ella. Los empleados se dividen en pequeños equipos autónomos, a veces empresas independientes. Se centran en un mercado, región, producto o cliente específico. Se les concede autonomía, el derecho a ser empresarios y pioneros. Irónicamente, algunos vuelven a caer en la seguridad percibida de una forma de trabajo más familiar tan pronto como se produce el crecimiento. Pasar por una transformación radical no es fácil, ni se completa en un día. Pero cuando se lleva a cabo con éxito, tiene un enorme impacto en el compromiso de los empleados y en el futuro.

Es dolorosamente obvio: el sistema en el que muchas personas todavía trabajan fue creado para un mundo estable, lento y predecible que ya no existe. Hoy en día, el sistema falla y se tambalea y es hora de encontrar un nuevo camino a seguir. Imagina si la burocracia se mantuviera en un mínimo absoluto, sin días perdidos de reuniones aburridas y frustrantes y sin hacer más cosas solo porque tu jefe lo dice. Imagina cuánto tiempo más tendrías para hacer un trabajo útil y mantener al cliente contento. El escenario más extremo: ¿qué tal si diriges tu propia empresa junto con tu equipo? ¿Qué impacto tendría esto para tu motivación e implicación? ¿Qué serías capaz de lograr con ello? Para obtener respuestas, hemos interrogado a muchas empresas que han cambiado su estructura empresarial para traer la libertad. En lugar de la pirámide jerárquica, estos pioneros crean un ambiente de flexibilidad, velocidad y participación. La estructura que encontramos más a menudo en las organizaciones avanzadas es la red de equipos. Nos hemos encontrado con ellos en todas las formas y tamaños, y en una gran cantidad de culturas e industrias. Visitamos a las enfermeras y cuidadores de la holandesa Buurtzorg, los constructores de Breman, los informáticos de Nearsoft, los desarrolladores de Smarkets, los asesores financieros de Finext, los técnicos de TMC, y los consultores de la sueca Centigo. Todos ellos son redes construidas a partir de pequeños equipos autónomos y Haier, que una vez fue una lenta y burocrática pesadilla, es un maravilloso ejemplo.

LA CRISIS COMO CATALIZADOR

Zhang Rhuimin no es la única persona que ha logrado transformar una empresa, llevarla de la nada a algo notable. Escuchamos una historia similar durante nuestra visita a la empresa sueca Svenska Handelsbanken, donde, en los años 70, Jan Wallander estaba al mando durante una crisis. La transformación tomó cinco años. Durante este período, se dio la vuelta a casi todo. Pero desde entonces, este banco pionero ha florecido con una red bien engrasada de equipos que funcionan y se conectan como el intrincado funcionamiento de un reloj. Los principios de la descentralización radical, incluso ahora, décadas más tarde, son muy fuertes en Handelsbanken.

Nos hubiera gustado saber más del propio Jan Wallander, pero falleció en 2016. Sin embargo, pudimos hacernos una idea de los métodos únicos que Handelsbanken emplea viajando a Ámsterdam, donde conocimos a Jens Wiklund, CEO de Handelsbanken Nederland. Durante nuestras visitas, Wiklund pintó una clara imagen del hombre que inició esta forma de trabajo.

Svenska Handelsbanken presta servicios bancarios universales, incluidos las transacciones empresariales tradicionales, la banca de inversión y el comercio. También ofrece servicios de banca minorista y seguros de vida y es uno de los principales bancos de Suecia con unas 460 sucursales. Desde mediados del decenio de 1990, Handelsbanken se ha expandido por toda Escandinavia y los países nórdicos, los Países Bajos, el Reino Unido, Estonia, Letonia y Lituania. A partir de 2016 ha habido un mayor crecimiento. Durante nuestra primera visita a la sede central holandesa del banco, somos recibidos por Jens Wiklund, elegante con un traje de corte perfecto y con gafas de moda. Se presenta como el típico banquero y, cuando caminamos por las oficinas, vemos lo que parece ser un banco tradicional. Visualmente, la organización da poco. Pero estamos aquí para mirar debajo de la chapa. Wiklund ha trabajado aquí durante 20 años, nos dice antes de lanzarse a la historia del viaje transformador que inició Jan Wallander.

"La aventura comienza en 1970, cuando Wallander fue nombrado CEO", nos dice Wiklund. "Handelsbanken estaba pasando por una crisis". El informe de Wallander fue un reto: tenía que sacar a la compañía del borde del abismo. El punto de partida se nos hizo familiar. La organización estaba centralizada, la oficina central, cada vez más grande, tomaba todas las decisiones. Los que estaban en la cima decidían la dirección y los empleados tenían que cumplir. Una cosa estaba clara, incluso desde el principio: la forma tradicional de trabajar no proporciona a los empleados muchas recompensas o mucho a lo que aspirar. La gente creía (y algunos todavía lo hacen) que una estructura fuerte, centralizada y jerárquica conduciría a buenas decisiones y a un funcionamiento fluido. Se suponía que cuantas más personas participaran en el proceso de toma de decisiones (principalmente las que estaban más arriba en la escala), mejor sería esa decisión. En la práctica, lo cierto es lo contrario, cómo descubrió Handelsbanken.

Los dirigentes del banco tardaban hasta dos meses en tomar decisiones sobre cuestiones como la concesión de un préstamo a un cliente. Esto podría haber sido una instantánea de nuestra vida laboral anterior, y podíamos ver la relación. Contó la historia de la opulenta sede central, donde los que estaban en el poder tenían el dominio sobre todo, a menudo a través de innumerables departamentos centralizados. Las vacilaciones burocráticas y las tonterías administrativas eran vistas como evidencia de una organización en funcionamiento. Todo se arreglaba a través de la oficina central: marketing, RR.HH., finanzas, legal, planificación, estrategia, auditoría. Había un centenar de grupos y departamentos que se ocupaban de proyectos de desarrollo y "mejora".

Estos se ocupaban principalmente de generar un flujo interminable de memorandos con instrucciones sobre cómo cada parte del banco debía llevar a cabo su trabajo diario. Las políticas "sabelotodo" fueron emitidas por personas que nunca habían trabajado en ninguno de los departamentos. Esto costó dinero e hizo poco para generar algo más que más capas de burocracia. El dinero que se ganaba era a través de los esfuerzos de los empleados en contacto directo con los clientes.

Pero la toma de decisiones centralizada significaba que, aunque las sucursales locales conocían a sus clientes no tenían la autoridad para tomar decisiones significativas. "Esto no solo frustraba a la línea del frente sino que perturbó al recién nombrado Jan Wallander", nos dice Wiklund. "Por eso Handelsbanken fue en busca de un nuevo modelo. Un modelo que mostrara confianza en las cualidades y talentos de los empleados".

El banco tomó un nuevo camino. La transformación que Wallander inició tenía como objetivo la descentralización. El poder tenía que ser desviado a los departamentos locales, y rápido. Ahí era donde se hacía el dinero. "La cultura de la oficina central fue desmantelada. El proceso fue obstaculizado y dificultado por aquellos en el poder, que se mostraban reacios a soltar el volante". Desde el momento en que fue nombrado", dice Wiklund, "Jan era consciente de que tenía que dar un buen ejemplo. Como el individuo de mayor rango, tenía que demostrar que no era solo un hombre de palabras bonitas. Tenía que demostrar que lo decía en serio".

Wallander lo hizo al negarse a tomar unilateralmente ninguna decisión importante después de haber anunciado la descentralización. Si los clientes se acercaban a él directamente, los remitía a las sucursales locales. "Pueden venir a mí", decía, "pero solo la sucursal local puede tomar una decisión sobre esto". Puedo ponerte en contacto, pero puede que sea el camino más largo"[18]. El nuevo CEO se limitaba a pequeños cambios personales en la gestión diaria del banco, una postura modesta que fue, paradójicamente pero quizás previsiblemente, el comienzo de transformaciones más grandes. Las acciones más radicales fueron para sacudir el statu quo, pero siempre con el aporte y el consentimiento de las sucursales locales. El gigante lento se dividió en componentes más pequeños y más ágiles. Las ramas locales tenían pequeños equipos de 10 empleados, pero juntos formaban una gran red. En el momento de escribir este artículo, Handelsbanken tiene 800 oficinas y 12.000 empleados; cada sucursal tiene una verdadera autonomía.

Pero la deconstrucción no era suficiente. Para forjar el compromiso de Wallander, se prohibió a los departamentos de la sede central comunicarse con las sucursales locales a través de un memorándum. Se disolvieron los grupos, así como los procesos presupuestarios centralizados. Las sucursales locales ya no tenían que cumplir con los presupuestos de otros departamentos. La creación de visiones a largo plazo, planes estratégicos y campañas de marketing ahora entraban dentro de su autoridad. Todo lo innecesario se tiraba a la basura, y los departamentos que no podían aceptar los cambios se disolvían. El nuevo modelo establecía que solo las sucursales tenían derecho a decidir qué productos se ofrecerían a sus clientes. Cómo los presentarían y a qué precio, era de nuevo su decisión. La responsabilidad de las políticas de personal también recaía en las sucursales locales. Tenían, y todavía tienen, completa autoridad sobre la contratación y el despido, los niveles salariales y los ascensos. El papel de la oficina central había cambiado a uno de apoyo, más que de control.

Jens Wiklund nos cuenta su experiencia personal. "Para asegurarnos de que los bancos locales funcionen lo mejor posible tenemos acceso a toda la información relevante. Hay un elemento ligeramente competitivo en esto, donde todas las sucursales se comparan en términos de relación costo-efecto. También hay otros indicadores, como las tendencias de los volúmenes, el número de clientes y las calificaciones de las auditorías que las sucursales y las regiones tienen en cuenta para medir el desarrollo de un negocio sano. El objetivo es la búsqueda constante de una mejor puntuación". Esta competencia es transparente: todo el mundo tiene acceso a las cifras de rendimiento. Cada mes las sucursales locales reciben una visión general de su rendimiento, lo que fomenta una competencia sana. Esto ha demostrado ser beneficioso para ellos y para Handelsbanken en su conjunto.

Hay una responsabilidad colectiva. Lo vimos en las microempresas de Haier, y en otras empresas que utilizan uno o más de esos criterios para medir el rendimiento de los equipos autónomos. Estos parámetros, como la satisfacción del cliente, las horas facturadas, los plazos de entrega, el crecimiento, los ingresos y los beneficios, deben ser objetivos e iguales, de modo que el rendimiento pueda medirse y compararse uno a uno. A menudo hemos encontrado que los equipos adquieren sus propios secretos para el éxito. Llevan la responsabilidad de los beneficios, ingresos y gastos que son claros indicadores de progreso, como lo son el propósito, la satisfacción del cliente y la productividad. Las listas, publicadas internamente, aseguran un sentimiento de orgullo para los equipos que se están desempeñando bien y son una inspiración para los que no lo están. Los empleados y los miembros de los equipos aprenden por sí mismos cómo mejorar su rendimiento sin presión.

El proceso de transformación ha proporcionado a Handelsbanken cosas buenas. Décadas de éxito en el mercado escandinavo le han dado la fuerza y la resistencia para convertirse en uno de los bancos de más rápido crecimiento en los Países Bajos y en el Reino Unido. En una reciente visita a Handelsbanken, hablamos con el entonces CEO, Anders Bouvin. Nos dijo lo que la descentralización radical ha significado desde su perspectiva. "A diferencia de muchos otros bancos, sobrevivimos bastante bien a la crisis financiera de 2008", dijo. "Tuvimos un mínimo del 12 por ciento de retorno de la inversión. Nuestro crecimiento anual ha sido, en promedio, del 15 por ciento, lo cual no es algo que muchos bancos hayan podido igualar".

Tal vez lo más importante es que Handelsbanken tiene una alta tasa de satisfacción de los clientes[19], y ningún banco del mundo tiene una calificación crediticia más alta[20]. Bloomberg lo llama el banco más fuerte de Europa; un gran elogio de hecho. La estructura de red de equipos es tan beneficiosa en el mundo de la banca europea como en las grandes fábricas de China.

La
estructura de red
de equipos es tan
beneficiosa en
el mundo de la
banca europea como
en las grandes
fábricas de China.

PRÁCTICAS PIONERAS DE TODO EL MUNDO

Las lecciones aprendidas durante nuestras visitas a Haier y Handelsbanken son reforzadas por muchos otros pioneros. Ellos entienden que los empleados necesitan autonomía y confianza para desempeñarse bien. A menudo, después de llegar a un total de 30 a 50 empleados (a veces antes), las organizaciones sienten la necesidad de centralizar. Se nombran gerentes, se crean departamentos funcionales, se establecen normas y procedimientos formales y se planifican reuniones semanales de alineación. Se hará todo lo posible para aferrarse a la ilusión de control. Desafortunadamente, la gente comienza a quejarse de la creciente burocracia y mecanismos de control.

Los avanzados abordan esto de manera diferente. Antes de llegar a la masa crítica, de 10 a 15 empleados, se dividen en dos equipos autónomos dentro de la misma red. Tan pronto como uno alcanza el punto crítico, se divide de nuevo. El crecimiento es orgánico. La idea es simple, pero la implementación no siempre será fácil. El secreto es motivar a los equipos para que todo funcione bien y asegurar el buen funcionamiento de la red. Considera las otras siete tendencias descritas en este libro. Una misión inspiradora permite a los equipos trabajar como uno solo con todos desempeñando su papel (una importante fuente de motivación). Los equipos suelen ser multidisciplinares como reflejo de las tareas que esperan. Son responsables de la funcionalidad de su miniempresa, representan el punto de contacto para los clientes y deben asegurarse de que todos los problemas se resuelven. Esto a menudo no solo aporta beneficios al cliente, sino que también aumenta el compromiso y la motivación de los empleados. Aunque todo esto pueda parecer utópico, da lugar a presión. Cuando la mierda golpea el ventilador, el equipo debe resolver los problemas por sí mismo.

Con esta intrincada y creciente red surge la pregunta: ¿cómo pueden coordinar su trabajo de manera eficiente y a la vez evitar la trampa de las innumerables reuniones? La respuesta es asegurar que la mayor cantidad de información posible esté disponible. Esto requiere un sistema informático que ha sido desarrollado para permitir una comunicación efectiva. Buurtzorg, una organización de asistencia médica que tocaremos más adelante, tiene una intranet especial y muy activa a la que todos los equipos deben unirse. Comparten las noticias aquí, pero también pueden pedir ayuda a otros equipos. Buurtzorg organiza un congreso anual en el que la gente tiene la oportunidad de participar en talleres. Spotify tiene gremios, grupos de empleados que trabajan en diferentes equipos pero que comparten conocimientos e intereses. Se reúnen regularmente y, aunque la mayoría de los gremios están relacionados con el trabajo, algunos se centran en las aficiones y el ocio.

Hay un camino intermedio, mientras que otros buscan los extremos radicales. Aquí hay una visión general de las posibles estructuras. La primera es la menos radical, la quinta la más radical. Pero todas son mejoras.

NIVEL 1 PIRÁMIDE INVERTIDA

Los días de las frustrantes y poco realistas comunicaciones verticales de mando y control están contados. Crear una estructura renovada al dar la vuelta a esta pirámide. Los avanzados dan este paso convencidos de que, en general, son los empleados en la base, donde se trabaja, los que crean el valor añadido. Una pirámide invertida significa que los empleados trabajan más o menos como antes, pero comprenderán que la organización los apoya. En esta pirámide, los gerentes siguen tomando la mayoría de las decisiones, pero lo hacen creyendo que están ayudando a los empleados más cercanos al cliente, producto o servicio. Los líderes y la oficina central están ahí para ayudar a las unidades descentralizadas.

NIVEL 2 EQUIPOS AUTÓNOMOS EN LA PIRÁMIDE

Muchos avanzados consideran que la pirámide invertida es obstructiva e inflexible. Para contrarrestar esto pueden crear pequeños equipos autónomos en ciertas áreas. La tendencia puede comenzar en el departamento de informática con la forma de trabajo "Ágil". En el Spotify sueco, los desarrolladores de TI, que constituyen un tercio de la empresa, forman equipos similares a una raíz: pequeños, entrelazados, pero autónomos. Estos tienen una responsabilidad considerable en el resultado final y determinan cómo funcionan: algunos eligen gestionarse a sí mismos, otros trabajan con un líder permanente. El resto de los empleados trabajan principalmente en funciones de apoyo basadas en una jerarquía tradicional.

NIVEL 3. ORGANIZACIÓN PLANA CON EQUIPOS AUTÓNOMOS

El siguiente paso lógico es dividir la pirámide en equipos autónomos, pero para algunos eso es demasiado, demasiado pronto. Una solución provisional es crear una organización plana con capas de gestión mínimas. Handelsbanken solo tiene tres. La más importante está compuesta por las sucursales en contacto directo con los clientes. Las otras capas son las oficinas regionales y la oficina central en Estocolmo. Los equipos autónomos determinan cómo trabajan, dónde trabajan y con quién trabajan (pero no establecen objetivos de rendimiento).

NIVEL 4. RED DE EQUIPOS

Los que se atreven a aplanar la pirámide se organizan en una red que es atendida por una pequeña pero eficiente "oficina central". Buurtzorg tiene más de 1.000 equipos autónomos atendidos por solo 50 personas. Solo hay una capa de jerarquía por encima de los equipos. Otros ejemplos son la empresa de informática Nearsoft, de México, un grupo de empresas de producción del norte de España y el municipio de Hollands Kroon. Esta estructura permite que los equipos determinen su propia forma de trabajar y asuman toda la responsabilidad. En la mayoría de los casos, se aseguran de que los equipos multidisciplinares no superen los 10 o 15 empleados.

Divide los equipos en función de la región, el producto, el servicio (o el cliente), y aseguran que un sistema informático eficiente permita a los empleados trabajar bien juntos. Asegúrate de tener un grupo de coaches (sin privilegio en la toma de decisiones) que puedan ayudar si se les pide. ¿Te gustaría tener más espíritu empresarial? Crea una forma saludable de competencia y da a los equipos un papel importante en el juego. Se convierten en pequeñas empresas que deciden cuándo y dónde trabajan, cómo y con quién.

NIVEL 5. ECOSISTEMA DE MINICOMPAÑIAS

Los verdaderos radicales van un paso más allá: además de crear la red de miniorganizaciones proporcionando una propiedad parcial, construyen una plataforma online para dar acceso a los agentes implicados. Esto es exactamente lo que hace Haier con 70.000 empleados que se organizan en más de 4.000 miniempresas repartidas en múltiples plataformas online. Se preocupan por la competencia interna, así como por la presión de los agentes implicados externos. Por ejemplo: ¿el equipo de RR.HH. está cumpliendo con las expectativas? Si no es así, se recurre a un tercero externo. Esta dinámica garantiza que solo se mantendrán los equipos que añaden un valor real. El papel de la alta dirección sigue siendo determinar la estrategia a largo plazo pero, aparte de eso, se centran principalmente en la inversión en las miniempresas en las que ellos creen y en la financiación de las start-ups.

¿Cuántas capas de gestión tiene su empresa y cuántas de ellas se deben ir? ¿Hay una pirámide que podría ser convertida en algo más productivo? ¿Qué necesitas para poner las cosas en movimiento? ¿Cómo puedes crear oportunidades? Echa un buen vistazo a tu organización porque, como estás a punto de ver, no tienes que ser el CEO para empezar.

CAPITULO 3

DESDE LA DIRECCIÓN AL LIDERAZGO DE APOYO

Es imposible ignorar la reputación de Ari Weinzweig, CEO de la Comunidad de Negocios de Zingerman desde 1982. La comunidad comprende nueve compañías enfocadas en la industria alimentaria. Cada una de ellas tiene un área de especialidad y los responsables son dueños parciales de los negocios. Paul Saginaw y Weinzweig abrieron un bar de sándwiches en 1982 y aquí es donde todo comenzó. Hoy en día, el grupo consiste en una panadería, una fábrica de queso, un restaurante en una carretera, una fábrica de confitería, un restaurante coreano, una empresa de venta por correo, una oficina de entrenamiento y un tostadero de café. El grupo emplea a 700 personas y genera unos ingresos de 70 millones de dólares al año.

Se rumora que cada noche Weinzweig hace la ronda en alguno de sus restaurantes, sirviendo agua a los clientes. Este gesto suena humilde pero impresionante; ¿es cierto?, y si es así, ¿tiene algún valor real? Equipados con una dosis de escepticismo saludable, añadimos a Zingerman a nuestra Bucket List. Durante un elaborado viaje por carretera a través del noreste de los Estados Unidos (donde, entre otros, nos encontramos con el gurú del "¿Por Qué?" Simon Sinek, el director general de Menlo Innovations Richard Sheridan y los académicos de la Ross School of Business Chris White y Esther Kyte) pusimos a prueba la reputación de Ari Weinzweig. ¿Estará allí sirviendo agua a los clientes como cada noche? Hicimos una visita sin previo aviso al restaurante la noche previa a nuestra reunión programada.

Llegamos a Zingerman's al atardecer, listos para la cena y para observar. El nombre del establecimiento se muestra en letras de neón en estilo manuscrito. Una flecha apunta a un pequeño subtexto debajo del título principal: "Comida americana realmente buena". Encantador. Tenemos hambre. Dos plantas coníferas, que llegan casi hasta el techo, flanquean la entrada. Es un edificio de una planta con un techo alto y luces redondas que cuelgan un metro más o menos sobre las cabezas de los comensales. Nos gusta el ambiente informal y acogedor. Nos muestran una mesa y nos sentamos para ver al hombre y el mito del agua.

No nos toma mucho tiempo ver a Weinzweig: rizos oscuros y grises, una barba de unos cuantos días sin afeitar y pendientes de plata. Y, atención: lleva un jarro de agua, y va de mesa en mesa. Nos presentamos y charlamos brevemente, pero es un hombre con una misión: "Tengo que seguir adelante chicos, la gente está sedienta. ¡Hasta mañana!". Nos sirven poco después, y sí, la comida es buena.

GUERRA DE TRINCHERAS

¿Por qué estamos tan ansiosos de confirmar que el liderazgo efectivo puede ser diferente? ¿Por qué buscamos líderes que se atreven a ser diferentes? Porque hemos vivido en carne propia las consecuencias de un mal liderazgo, donde esa era la regla, con algunas excepciones, las reuniones estaban dominadas por gerentes que, a menudo, y visiblemente inquietos, pensaban claramente que debían tener la última palabra. Las opiniones solo se valoraban cuando salían de los labios de los que tenían los mayores salarios. Los que estaban en las trincheras eran constantemente anulados por líderes que no tenían ni idea de lo que estaba pasando. Considera las reuniones anuales de evaluación donde un gerente evalúa tu desempeño sin tocar el piso para ver cómo lo estás haciendo. O los objetivos son establecidos por una dirección ajena a las realidades del lugar de trabajo. ¿Y qué tal el supervisor con un elegante automóvil de la empresa y una enorme oficina en el rincón, mientras el resto trabaja cavando su propia tumba? Nos volvió locos, y no somos los únicos. Las investigaciones nos dicen que el 50 por ciento de los empleados renunciaron por problemas con su gerente[21].

El día después de nuestra visita al restaurante, bajo el débil sol de la mañana, encontramos a Ari Weinzweig fuera del Zingerman's Coffee Company y nos reunimos con él para tomar un expreso doble. Nos cuenta cómo empezó todo. La Comunidad de Negocios Zingerman está fuertemente influenciada por el interés de Weinzweig en la anarquía. Él ve muchos paralelismos con su punto de vista sobre el liderazgo. "Lo que me atrae cuando se trata de la forma anarquista de pensar", dice, "es la mente libre, la libre elección, la toma de iniciativas, el trabajo en conjunto, la creatividad y el cuidado de todo el grupo". Asumo que todos somos iguales y que todos necesitamos ser tratados como tales. Todos son creativos e inteligentes por naturaleza, y capaces de grandes cosas. Debemos liderar apoyando a los demás, no mandando. No se trata de derribar a los líderes actuales. Se trata de que cada empleado pueda asumir un papel de autoridad adecuado. Solo así todos serán capaces de llevar a cabo sus deberes de manera efectiva".

Suena maravilloso, pero queremos saber cómo Weinzweig hace que esto suceda. Después del café, le seguimos hasta el bar de Zingerman y nos habla de las sesiones mensuales de incorporación. Se esfuerza por asistir a cada una, pero cuando eso no es posible, el fundador Saginaw da un paso adelante. Cuando entramos en el restaurante, seis nuevos empleados están sentados alrededor de una mesa. Nos invitan a quedarnos para la sesión. Vemos a un hombre en su elemento: lleno de pasión, explica la historia, la misión y los valores fundamentales. Con frecuentes dosis de humor, escuchamos historias inspiradoras y consejos prácticos sobre la vida en Zingerman's mientras se centra en la comida, el servicio y las finanzas. Weinzweig desgarra un gran pan recién horneado y entrega trozos en manos de los empleados. Habla sobre el origen del pan, por qué sirven este tipo y cómo se hace. La gente lo siente, lo huele y finalmente lo prueba, con los ojos cerrados. Es como un curso introductorio sobre atención plena. Después, Weinzweig deja claro lo mucho que su organización respeta la comida. Luego es el momento de las preguntas. Durante dos horas los empleados le hacen preguntas.

Después de la sesión de bienvenida es el momento de nuestras propias preguntas. Ari explica su motivación. "La incorporación de personal es una de las cosas más importantes que hacemos. No importa cuánto crezcamos, nos sentimos honrados cuando alguien viene a unirse a nuestro negocio. La acogida atenta y personal de nuestros últimos empleados es lo menos que podemos hacer". Estas prácticas funcionan solo si los líderes creen realmente en este enfoque y luego actúan en consecuencia. Este hombre tiene una reputación internacional en el campo.

"Paul y yo necesitamos a nuestro personal mucho más de lo que ellos nos necesitan. Siempre hemos sabido esto. Sin ellos aquí, para proporcionar un gran servicio, probablemente todavía estaríamos en nuestra pequeña tienda de sándwiches. Han sucedido cosas maravillosas en estos últimos 30 años simplemente porque un gran número de gente inteligente y trabajadora nos dio la oportunidad de dirigirlos. Ningún líder será verdaderamente productivo sin la gente que haga realidad su visión. Los líderes sin seguidores comprometidos están condenados a fracasar".

Lo que me atrae
cuando se trata de
la forma anarquista
de pensar es la mente
libre, la libre elección,
la toma de iniciativas
en conjunto, la
creatividad y el cuidado
de todo el Grupo.

— Ari Weinzweig

Las estadísticas y los estudios lo confirman: el 65 por ciento de los empleados odian tanto a su jefe que preferirían cambiar de puesto y trabajar con otro jefe antes que recibir un aumento de sueldo. En pocas palabras, el costo de una mala gestión (solo en los Estados Unidos) se estima en 310 mil millones de dólares anuales. La gestión de Zingerman se basa en esta filosofía. Los fundadores no han tenido que pasar por una fase de transformación para librarse de los patrones tradicionales. Pero, durante nuestros viajes, también vemos empresas que cambian radicalmente de rumbo, pasando de un liderazgo directivo a un liderazgo de apoyo.

TÉ Y TELEVISIÓN EN LONDRES

Habíamos oído hablar de la cadena británica UKTV y de su rebelde CEO Darren Childs. UKTV es una asociación entre la BBC y Discovery Channel y es una de las mayores empresas de radiodifusión del país, que emplea a unas 300 personas. Fundada en 1992, la UKTV pasó sus primeros 20 años repitiendo los programas de la BBC, pero ahora produce muchos de los suyos. Childs se trasladó al otro lado de la BBC en 2010 para dirigir la empresa. UKTV había pasado por una transformación radical, nuestra curiosidad se despertó, y nos dispusimos a visitarla. Bajo un manto de nubes grises y la siempre presente lluvia inglesa, realizamos un paseo matutino por Londres, llegando finalmente a un impresionante edificio, en el corazón de la ciudad.

La elegante recepción de mármol con su alto techo se siente como el lugar más corporativo que hemos visitado en mucho tiempo. Nuestra naturaleza escéptica está alerta y busca saber más, caminamos hacia el gran mostrador, anunciamos nuestra presencia y esperamos. Un empleado nos da la bienvenida y nos llevan arriba. Cuando entramos en las oficinas nos sorprendemos gratamente. La atmósfera corporativa anticuada ha cedido y parece que hemos tropezado con un universo paralelo. El diseño es maravilloso, con lugares de trabajo informales y sofás circulares. En la cocina abierta, vemos a la gente preparando su desayuno. Las vigas del techo y las tuberías están expuestas, y el personal trabaja desde cómodas sillas con forma de huevo. Todo se siente agradablemente informal y se nos da un extenso recorrido. Las palabras "Crear, Aprender, Influir, Desafiar y Colaborar" adornan las paredes: los valores fundamentales. Hay una gran escalera central que crea un espacio abierto entre los pisos. Los estudios también se encuentran en este edificio. La distancia entre los que gestionan la programación y el lugar donde se realizan los programas se minimiza a propósito. Esto se desprende de uno de los eslóganes de la UKTV: "Derribando la jerarquía por diseño".

Después del recorrido, nos encontramos con Childs, vestido con un traje (sin corbata). Disfrutamos de una taza de té —es Inglaterra después de todo— y le preguntamos cómo fue capaz de trazar el viaje de la UKTV de una manera tan positiva. Han cambiado muchas cosas desde que se hizo cargo. "Desde el primer momento me di cuenta de que la organización era irremediablemente anticuada. Sabía que estaba condenada si seguíamos aferrándonos a las formas tradicionales". Una vez nombrado, tomó el control y rápidamente revitalizó la vieja y rígida jerarquía para animar a los empleados a dar rienda suelta a su creatividad. Una parte importante del cambio fue la creación de una cultura de apoyo. El liderazgo direccional e independiente tuvo que desaparecer para que los líderes de equipo pudieran estar al servicio de los empleados.

El primer paso fue simbólico. "Todo en la oficina de la UKTV está ahí para librarnos de las estructuras de mando y control", dice. "Queremos desmantelar la jerarquía por diseño, y parte de esto se logró redecorando completamente la oficina. Sacamos a todos los gerentes de sus salas". El pensamiento subyacente es familiar, pero muy en contraste con los tradicionalistas que se aferran al "incentivo de la oficina personal". Esos elegantes despachos de los directores en el último piso parecían entrar en conflicto con el sentido común y la reflexión. ¿Por qué se encerraría usted en su oficina debido a su rango? ¿No tiene más sentido estar entre los miembros de su equipo para saber lo que está pasando y poder ayudarles mejor? "Sí", dice un estudio de la profesora de Harvard Francesca Gino[25].

Gino muestra que los gerentes que se aíslan ganan menos respeto. Ese razonamiento inspiró a UKTV a poner fin a la práctica. "Las oficinas ponen barricadas a los empleados y eso es exactamente lo que queremos evitar", dice Childs. "En su lugar tenemos espacios de trabajo abiertos. Junto a eso, tenemos áreas que pueden ser usadas para la paz y la tranquilidad, y para reuniones".

Los resultados son inequívocos con los empleados que conocemos durante nuestra visita. "Hay un ambiente más abierto porque los líderes están más cerca de sus equipos. Hay más y mejor comunicación entre los colegas", dice uno. Pero el simple hecho de dar a su oficina un cambio de imagen no va a ser suficiente para abrirse paso. UKTV está de acuerdo y no se detiene ahí. Se ha dado un primer paso y hay tiempo para el siguiente paso hacia un liderazgo de apoyo.

Childs nos habla de la introducción de "reuniones de gobernanza" semanales. Son una forma reconocida de compartir conocimientos e información. Cuando visitamos Googleplex, en Silicon Valley de California, nos enteramos de la reunión "Thank God It's Friday" (Gracias a Dios es Viernes), en la que se invita a los 90.000 empleados a reunirse o conectarse por teléfono. En Spotify, en Estocolmo, vimos un ritual similar en el que el fundador y director ejecutivo Daniel Ek y sus colegas suben al escenario para compartir los avances de la empresa. Pero un error de novato estaba haciendo obligatoria la asistencia. Tomar esa ruta significa que nunca sabrás si la gente encuentra útiles las reuniones. Las reuniones no son simplemente para actualizaciones estándar de gestión. En la UKTV, una parte importante del proceso es compartir la adversidad y los errores. De esta manera, todos pueden aprender. "Queremos dar a nuestros empleados la oportunidad de recibir toda la información relevante", explica Childs. "Los empleados pueden hacernos preguntas: nada es tabú". Pero se dio cuenta de que no había demasiadas preguntas complicadas. La mayoría de los empleados no se sentían cómodos en sacar a relucir los temas más delicados.

"Esa fue una de las cosas más difíciles", dice Childs, "convencer a la gente de que está bien preguntar cualquier cosa porque queremos ser completamente transparentes". Se le ocurrió una solución simple pero efectiva: un buzón decorado con un prominente signo de interrogación blanco. A cualquiera que tuviera una pregunta o quisiera compartir asuntos de naturaleza sensible, se le pedía que la escribiera y la pusiera en el buzón. Solo se abriría durante las reuniones. Todas las preguntas se respondían allí y en ese momento, sin respuestas preparadas, políticamente correctas o propaganda corporativa. Esto se convirtió en una herramienta poderosa. "Abro la caja y leo en voz alta lo que dice la nota. Luego el equipo de liderazgo y yo tratamos de responder honestamente. Este fue el paso más importante en la creación de una cultura de liderazgo de apoyo. Envía una clara señal de que queremos transparencia y nos hace saber sus preocupaciones. Demostramos que estamos ahí para ellos".

Durante la transformación, la UKTV dio otro paso radical. Esta vez, abordó las evaluaciones y revisiones. Hubo preguntas como: ¿cómo podemos animar a los gerentes a dar un apoyo total a sus equipos? ¿Cómo reconocemos y recompensamos el comportamiento apropiado? "¿Quién debe evaluar el rendimiento de los directivos?" Childs hace su propia pregunta. "Correcto: tu propio equipo". Las investigaciones tradicionales de arriba hacia abajo fueron revisadas para proporcionar esa oportunidad. No se trataba de una gran sesión para avergonzar al jefe, sino de una fuente de retroalimentación honesta. Cada miembro del equipo le da al gerente una puntuación para ciertas tareas. Y UKTV va un paso más allá: los resultados son compartidos con todos en la empresa. Suena maravilloso, pero, ¿funciona esto? Childs entiende nuestra incertidumbre. "No siempre es fácil para los gerentes que tienen un bajo rendimiento", admite, "pero reciben el impulso necesario para mejorar".

"Nadie quiere ser el peor. Aunque puede ser doloroso, la alternativa es un equipo que debe lidiar con el mal liderazgo y sus consecuencias." Ese cambio aparentemente está funcionando, dada la reciente actuación de la UKTV. Las revisiones regulares han demostrado que los empleados son más felices, más involucrados y más creativos. La empresa también cosechó recompensas: las bajas por enfermedad se redujeron drásticamente, y en menos de cinco años el valor de mercado de la empresa se duplicó.

Los que estaban en las trincheras eran constantemente anulados por los líderes que no tenían ni idea de lo que estaba pasando.

PRÁCTICAS PIONERAS DE TODO EL MUNDO

Weinzweig y Childs son líderes avanzados que dirigen las empresas a su manera. Comparten muchos valores. Cada persona es única, por lo que hay muchas maneras en las que el liderazgo de apoyo puede cobrar vida. Pero, ¿cómo se logra crear esto? ¿Cuáles son los puntos a tener en cuenta? ¿Cómo puedes ajustar la forma en que las cosas funcionan dentro de tu equipo? ¿Qué ideas nos dieron nuestras otras visitas? Aquí hay algunas formas rebeldes en las que los avanzados se distinguen. Comenzamos con tácticas simples y trabajamos hasta las soluciones más radicales.

NIVEL 1. CUIDADO CON LAS OPINIONES DE LOS MEJOR PAGADOS (HIPPOS)

Este estilo arcaico de liderazgo no solo cuesta una enorme cantidad de dinero, sino que también conduce a prácticas de trabajo dudosas. Regularmente experimentamos el efecto HiPPO (Opinión de la persona mejor pagada). Esto se refiere al hábito de ponerse del lado de la persona con mayor rango (y por lo tanto a menudo del que recibe el salario más alto) y no reconocer a la persona que tiene la mayor pericia, experiencia o las ideas más brillantes. El lugar de trabajo tradicional tiende a pasar por alto el contenido de un problema simplemente para complacer a la persona de mayor rango. La ineficacia de esto ha sido científicamente probada.

Un estudio realizado en la Escuela de Administración de Rotterdam22 muestra que los proyectos supervisados por gerentes junior tienen una tasa de éxito alta. Sus colegas se sienten más cómodos expresándose, menos intimidados. Los gerentes superiores son tan propensos como cualquiera a cometer errores y a dar más opiniones.

Los avanzados hacen todo lo posible para evitar esto de una manera directa y alegre, por ejemplo, colocando carteles de "Cuidado con las HiPPOs" en la pared. Un miembro del Servicio Nacional de Salud del Reino Unido (NHS) - inspirado en nuestras experiencias de la Bucket List—solicitó a los que asistían a las reuniones que "dejaran su jerarquía en la puerta". Vieron el progreso en solo unos pocos días. La gente tuvo la confianza de presentar sugerencias y se atrevió a participar en las discusiones con el personal superior. ¿Moraleja de la historia? Toma decisiones basadas en el contenido, no en el portador del contenido.

NIVEL 2. DESTRUYE LA TORRE DE MARFIL

Un buen número de organizaciones tradicionales muestran símbolos de privilegio y estatus en los rangos más altos: lugares de estacionamiento reservados, oficinas en los rincones, vuelos de clase ejecutiva. Estas son resacas de la Revolución industrial. Con suerte, podremos mirar atrás en un par de años y preguntarnos por qué demonios solíamos hacerlo así.

Mantener la torre de marfil no solo es anticuado, es malo para los negocios. La torre socava las palabras bonitas pero que, en gran medida, están vacías en cada uno de los informes anuales que proclaman con orgullo que "los empleados son la columna vertebral del negocio". Deshazte de las tonterías y crea un entorno más inclusivo. Los líderes inspiradores que conocimos han limpiado el camino. Un excelente ejemplo se encuentra en un grupo de 50 empresas que visitamos en Bilbao, España. Durante la transformación del grupo, como veremos en un capítulo posterior, abandonaron todos los privilegios desde el primer día.

Mantener la
Torre de Marfil
no solo es anticuado,
sino que es malo
para los negocios.

NIVEL 3. EVALÚA A TU GERENTE

Las organizaciones defienden el deseo de un liderazgo de apoyo, pero a menudo no transpira mucho. Esto no es sorprendente si la forma en que se evalúa y se compensa no ha cambiado. Los avanzados cambian el sistema de recompensas de arriba hacia abajo por un modelo de abajo hacia arriba.

¿Cómo puede el jefe determinar lo bien que lidera un gerente? Un sistema de retroalimentación adecuado escuchará a las personas más adecuadas para hacer esa evaluación: los miembros del equipo. Las organizaciones rebeldes se atreven a hacer esto. Los líderes con el contenido adecuado hacen que estas sesiones sean abiertas.

NIVEL 4. DIVIDE A LOS GERENTES

La jerarquía en sí no es el problema. La jerarquía artificial lo es. Cuando la autoridad no se basa en la competencia o la calidad del liderazgo, el resultado es el temido Principio de Peter, un concepto que se ha entendido durante décadas pero que aún está entre nosotros. El libro de Laurence J. Peter de 196923 lo describe bien: "En una jerarquía cada empleado tiende a subir a su nivel de incompetencia".

Imagina que eres un representante de ventas increíblemente bueno. Esto no pasa desapercibido. El jefe y los colegas están tan impresionados que se te reconoce como un verdadero talento. Y un talento merece un ascenso: a partir de ahora, ¡eres un gerente de ventas! Naturalmente, estás contento, y probablemente recibas un aumento de sueldo o un coche más grande. Tienes nuevas responsabilidades que te hacen estar agradablemente ocupado y te hacen sentir muy importante. No puedes esperar a compartir esto en tu perfil de LinkedIn.

Pero este tipo de promoción no tiene sentido. ¿Por qué tomar a alguien que sobresale en las ventas y darle el papel de dirigir a la gente? La gestión requiere un conjunto de habilidades diferentes. Ser bueno en una cosa no significa necesariamente que sobresalgas en otra.

Un estudio publicado en Harvard Business Review24 llegó a la misma conclusión. Muchas de las organizaciones que hemos visitado evitan el Principio de Peter creando múltiples pistas de promoción. Si eres un gran programador de TI, no necesitas necesariamente un puesto de dirección como medio de reconocimiento. Puedes convertirte en un experto en tu campo y en un mentor. Las estructuras de compensación deben ser significativas.

Una organización que es un as en hacer esto es la empresa polaca de TI U2i en Cracovia. Cuando visitamos su oficina nos enteramos de su extraordinario enfoque. Como dijo el empleado Pawel Kozlowski, "la única manera de subir era empujar a alguien por las escaleras". Este sistema caduco fue desechado. La nueva forma permite a cada empleado crecer dentro de su área de especialización.

NIVEL 5. ELIGE A TU LÍDER

¿Por qué los líderes inspiradores son tan débiles en el lugar de trabajo? Tal vez nuestra forma tradicional de seleccionar al líder es la culpable. Imagina un lugar de trabajo donde los líderes son elegidos después de dar un buen ejemplo. O donde la gente puede compartir sus opiniones y proporcionar retroalimentación sin temor a las consecuencias, donde las opiniones son juzgadas puramente por su contenido. Esto podría mejorar el ambiente, así como la motivación y la productividad. Es evidente que la forma tradicional de gestión y liderazgo a menudo se interpone en el camino del éxito. En nuestra búsqueda, hemos tenido conversaciones con gurús como Tom Peters, Frederic Laloux e Isaac Getz. También hemos hablado con líderes radicales como Kees Pater, CEO de la fábrica de galletas holandesa Veldt, Jean-Francois Zobrist, ex CEO de la FAVI francesa, Mario Kaphan, fundador de la brasileña Vagas.com y el CEO Bob Hutten de la empresa de catering holandesa del mismo nombre.

De las más de 100 organizaciones de la Bucket List que hemos visitado, la mayoría tiene algo en común: la falta de liderazgo gerencial. En su lugar, encontramos personal gerencial de apoyo que predica con el ejemplo, que pregunta a sus empleados la mejor manera de ayudarles y apoyarles. Muestran una admirable combinación de autenticidad, modestia, rebeldía y terquedad. Tienen una visión clara e inspiran a su gente a la acción. Al mismo tiempo, están disponibles para la retroalimentación y la crítica. Escuchan las ideas de los que están en el frente. Esto es Liderazgo de apoyo.

"Si quieres ser un líder, será mejor que encuentres algunos seguidores". Ese lema puede ser una frase de broma, pero es un consejo maravilloso. Dejar que los empleados elijan su propio líder es una de las soluciones más rebeldes. Aquellos que tengan la fuerza para hacerlo serán recompensados. Crear un proceso de votación, permitir que la gente seleccione a sus mentores o ir por un liderazgo continuamente cambiante; la forma en que se logre esto no importa, solo hay que ir a por ello.

La empresa suiza de TI Haufe Umantis fue la más radical en este sentido. Todos los puestos de poder se eligen democráticamente, incluso el del CEO. Puede que esto no sea algo para empezar mañana, pero es un poderoso ejemplo de cambio radical para mejor. La belleza de seleccionar el liderazgo es que los elegidos pueden realmente liderar. Y si las cosas no funcionan, el equipo siempre puede encontrar un reemplazo...

CAPITULO 4

DESDE PLANIFICAR Y PREDECIR A EXPERIMENTAR Y ADAPTAR

Me llamo Pablo Aretxabala, formo parte de K2K Emocionando, un equipo de siete personas que, desde hace más de 10 años, se dedica a la transformación de empresas en Nuevo Estilo de Relaciones (NER). NER se originó en 1991 cuando Koldo Saratxaga fue nombrado Coordinador General de la Cooperativa Irizar: una compañía de autobuses de alta gama que se estableció en 1889 en Ormaiztegi, un pequeño pueblo del País Vasco, como fabricante de coches y diligencias.

En 1991 Irizar estaba técnicamente en bancarrota y había un fuerte conflicto interno. En pocos años la empresa dio un giro radical y gracias a su gestión innovadora se convirtió en una historia de éxito sorprendente. En 2006, Koldo creó el equipo K2K Emocionando para desarrollar y adaptar NER para todas las organizaciones. Desde entonces, ha habido varias docenas de profundas transformaciones corporativas que hemos llevado a cabo aquí. Probablemente las más conocidas son las de las 26 empresas que hoy en día componen el grupo NER y que emplean a unas 2.000 personas.

NER trata de hacer que la gente sea efectiva y verdaderamente el centro de las organizaciones - trabajando con absoluta transparencia, confianza, libertad y responsabilidad. Aquellos que han implementado el nuevo estilo de relaciones no tienen ningún tipo de estructura jerárquica, ni elementos de control, ni luchas de poder, ni zonas oscuras. En su lugar, tenemos equipos autogestionados, responsabilidad, compromiso, iniciativa y toma de decisiones compartida.

Abogamos por la elección de los líderes por parte de los equipos y la eliminación de los controles existentes. Recomendamos la difusión de información sobre el rendimiento para todos, la eliminación de los desequilibrios salariales, la toma de decisiones por las asambleas, la contratación y evaluación de los nuevos empleados por sus potenciales colegas, la prohibición del despido por motivos económicos, y que todos sean conscientes de los hechos financieros que afecten la empresa.

Las organizaciones NER tienen un fuerte compromiso social, contribuyendo con el 2,5 por ciento de los beneficios y el 2 por ciento del tiempo de trabajo del personal a proyectos comunitarios. De las 150 iniciativas desarrolladas, estamos especialmente orgullosos de: Lur Denok (en euskera significa "la tierra de todos") y Hurbilekojalea Dendak ("las tiendas de la gente que come productos locales y orgánicos"). Se trata de dos proyectos de producción, distribución y comercialización de alimentos orgánicos en los que participan casi 300 socios.

"No quiero abrumarlos con información pero espero que este mensaje haya despertado vuestra curiosidad. Esperando haber conectado; os envío un afectuoso saludo en nombre del equipo de K2K".
Pablo Aretxabala
Nuestra investigación había estado en marcha durante unos 18 meses cuando, en una mañana de lunes, revisamos al azar nuestra bandeja de entrada para encontrar este fascinante correo electrónico de Pablo con el apellido impronunciable. Nos enganchamos inmediatamente.

La historia que relataba y las preguntas que planteaba, agitaba nuestro pequeño universo de una manera ligeramente inquietante. Decenas de empresas tradicionales transformadas en organizaciones avanzadas... ¿Funcionaban sin una jerarquía artificial donde los equipos podían elegir a sus propios líderes y el proceso de toma de decisiones era compartido? ¿Y estaban todas en la región relativamente compacta de Bilbao, en el norte de España? ¿Cómo diablos pudimos pasar por alto esto en toda nuestra búsqueda de empresas avanzadas? ¿Cómo es que no habíamos escuchado esta historia antes? ¿Y quién era este hombre con el enigmático (e igualmente impronunciable) nombre de Koldo Saratxaga? Nos sentíamos un poco avergonzados de no estar ya familiarizados con este pionero, o con NER. Preguntas, preguntas y más preguntas; teníamos que averiguar más y un mes después estábamos en un avión hacia Bilbao.

Nuestro plan era seguir nuestro procedimiento normal y pasar algún tiempo con el equipo de K2K, escuchar las historias de Pablo de primera mano, y visitar estas compañías radicales...

EN EL PAÍS VASCO

Llegamos al aeropuerto de Bilbao para encontrar a Pablo esperándonos. Es un tipo simpático de unos 50 años. Después de breves presentaciones, viajamos a nuestro primer destino: una empresa metalúrgica. En su oficina, transformada hace unos años por la Consultora K2K Emocionando, nos encontramos con Koldo Saratxaga. Es el fundador de K2K, que ha transformado 70 organizaciones disfuncionales en lugares de trabajo avanzados y dinámicos. El grupo tiene miembros en diversas industrias, incluyendo la ingeniería, la manufactura, la abogacía, la ciberseguridad y la educación. Está presente en 60 países y sus ingresos anuales combinados superan los 400 millones de euros.

Koldo es una figura impresionante, sabia y amable, de unos 70 años de edad, con el pelo blanco y largo. Su voz es sonora y tranquilizadora... pero no habla inglés. Afortunadamente, Pablo está disponible para traducir. Koldo inmediatamente presiona el metafórico botón de rebobinado y nos lleva a principios de los 90 cuando se unió al Grupo Irizar. Con más de 3.000 empleados, Irizar es el principal constructor de carrocerías de autobuses en España, con una cuota de mercado de más del 40 por ciento y una facturación de más de 550 millones de euros al año. Los productos del grupo se distribuyen por todo el mundo e Irizar cuenta con cinco plantas de producción en España, Marruecos, Brasil, México y Sudáfrica. "Irizar estaba en una profunda crisis", dice. "El liderazgo había cambiado dos veces en un año y la moral de los empleados estaba por los suelos. Su supervivencia estaba en peligro. Las ventas eran insignificantes, las pérdidas eran intimidantes; la imagen de la empresa era pobre". Koldo sabía que era el momento de un cambio radical.

Era vital que los propios trabajadores reconstruyeran Irizar; Koldo no pretendía emitir dictados o instruir a nadie para perseguir objetivos. "Dejé de lado la ingenua creencia de que el mundo en el que trabajamos se puede predecir", dice, "o que cada detalle se puede planificar". Acepté la idea de crear un lugar de trabajo que fuera adaptable, resiliente y con capacidad de respuesta. Prescindí de la falsa comodidad que puede suponer hacer planes detallados —y recurrir a la noción de control— en lo que era un entorno muy incierto. Los planes anuales detallados pueden haber sido una práctica estándar hace cien años, pero en nuestro mundo moderno esto está lejos de ser ideal". Ya no vivimos en la época en que, cada día, un Modelo T idéntico salía de la línea de producción de Henry Ford. Ya no podemos predecir, con ninguna certeza, lo que el próximo año de calendario traerá. El cambio, como se dice, es la única constante: el mundo de hoy es muy diferente al de hace unas décadas.

¿El resultado? Las organizaciones se han vuelto más complicadas. Lejos de resolver el problema de la complejidad, lo empeoramos con la burocracia[26]. Esta no es la historia completa, por supuesto. Muchas empresas caen en la trampa que Koldo esquivó limpiamente. Intentan predecir el futuro e intentan arrebatar el control del caos. Los signos más dolorosos y frustrantes de esta locura suelen venir en las rondas presupuestarias anuales. Cualquiera que haya trabajado en una empresa grande o mediana estará familiarizado con ellas. La miseria de las reuniones para establecer presupuestos o decidir qué acciones darán (en teoría) los mejores resultados.

Este patrón de burocracia se ha convertido en un ritual en muchas empresas. Los gerentes se encogen detrás de las computadoras portátiles mostrando archivos de Excel, rompiendo huesos o leyendo entrañas de gallinas, en un intento por saber qué traerá el próximo año. Durante los cierres de gestión resultantes, las normas de la oficina, las evaluaciones y las negociaciones petulantes son los únicos resultados predecibles. Cuando el cierre termina, el negocio se lleva halado por la nariz a lo largo del camino de los presupuestos negociados. Esta "gestión por números" asegura poco, además de que los empleados son incitados a tomar decisiones irracionales en lugar de usar el sentido común. Encontramos evidencia de esto en nuestras anteriores encarnaciones en la noria corporativa. ¿El ejemplo más evidente de los defectos del sistema? Que los empleados, al final del año financiero, comienzan a pedir todo tipo de artículos innecesarios para agotar los presupuestos asignados, por temor a que si no lo hacen, el del próximo año será más pequeño.

Esta impulsividad y ansiedad está tan profundamente arraigada que ha llegado a parecer normal. El establecimiento de presupuestos y la planificación pueden minar una enorme cantidad de tiempo y energía, y cuesta mucho en términos financieros. La Ford Motor Company, en una oportunidad, estimó que los procesos de planificación y presupuestación cuestan alrededor de 1.200 millones de dólares cada año[27]. Eso es un gran desperdicio. Esta desgracia reconocible y recurrente se basa en la extraña idea de que es posible predecir el futuro. Alerta de Spoiler: no lo es. Es hora de aceptar y abrazar el cambio como algo impredecible, a menudo sorprendente y aleatorio. El antiguo enfoque de "lo hemos estado haciendo así durante años" ya no es aceptable. Fuimos en busca de empresas que entienden esto y hemos encontrado muchas.

Para ser claros, no estamos hablando de las "metodologías ágiles" de moda, que las empresas actualmente se esfuerzan o dicen tener como objetivo. Mientras que los fundamentos del movimiento "ágil" son sólidos y valiosos, la forma en que muchas empresas lo practican es simplemente errónea. Muchos trabajan con la impresión de que si haces reuniones de pie a diario, usas una camionada de Post-it y contratas a un Scrum Master, has creado una forma completamente nueva de ver el lugar de trabajo. Desafortunadamente, no es el caso. Los pioneros que hemos visitado han ido más allá del bombo y las palabras de moda para emplear una sana experimentación: nuevos productos, servicios revisados, formas alternativas de llevar a cabo el trabajo. Incluso en sectores altamente regulados, han logrado adoptar la flexibilidad y hacer frente a un entorno siempre cambiante.

Koldo Saratxaga introdujo métodos que contrastaban fuertemente con la sabiduría tradicional. "Me centré en crear un lugar de trabajo flexible, adaptable y atractivo", dice. "Necesitábamos crear un ambiente donde fuera aceptable experimentar y adaptarnos rápidamente si la situación lo requería".

"Primero me deshice de la pirámide jerárquica, con todos sus mecanismos de predicción y de mando y control. Creé una organización casi plana que consistía en equipos multidisciplinares y autogestionados. Se parecían a miniempresas dentro de la entidad mayor. Había más de 120 de ellas, la mayoría consistía en cuatro o cinco personas y un líder de equipo. Los miembros del equipo eran asignados a proyectos y podían elegir a sus líderes. Los equipos realizaban una tarea específica dentro de un determinado marco de tiempo y se les animaba a iniciar cada proyecto con una mente abierta. La mayoría de los trabajadores formaban parte de más de un equipo, lo que les proporcionaba nuevos retos y objetivos diversos". Koldo no se detuvo ahí; también transformó el espacio físico de trabajo. "Reubicamos las instalaciones de fabricación y servicio en un solo piso. Esto proporcionó al personal de los diversos departamentos la oportunidad de conocerse entre sí. Prescindimos de las oficinas personales y creamos salas comunes que cualquier equipo o miembro del equipo podía utilizar".

Para asegurar que la cultura de la experimentación se arraigara, Koldo permitió a los trabajadores un alto nivel de autonomía. "Las miniempresas podían, por ejemplo, establecer sus propios objetivos y horarios. También eliminamos la mayoría de los antiguos mecanismos de control, como el reloj que vigilaba a las personas cuando entraban y salían de la fábrica. Se confiaba en que todos completaran una jornada de ocho horas, pero su asistencia solo era conocida por sus colegas más cercanos. Nuestro modelo en Irizar era en parte caótico, pero generaba orden a través de la autorganización. Todo el mundo tenía un buen grado de libertad y una cantidad correspondiente de responsabilidad. Cada trabajador era dueño de sus propias relaciones y decisiones". Las evaluaciones se basaban únicamente en el rendimiento del equipo; se evitaban las evaluaciones individuales. Koldo utilizó el poder de la transparencia instruyendo a las miniempresas para que dieran a conocer sus objetivos y resultados en toda la organización.

El éxito de su enfoque fue asombroso. Al implementar un sistema centrado en la experimentación, la adaptación y la libertad, Koldo había creado una fuerza de trabajo capacitada. El nuevo modelo proporcionó a Irizar un crecimiento anual de alrededor del 24 por ciento durante 14 años consecutivos. Durante el mandato de Koldo, los ingresos crecieron de 24 millones de euros a 310 millones de euros. El crecimiento fue tan fuerte que Irizar pudo abrir plantas en otros países. La producción pasó de 226 autobuses al año a 1.600. No solo se aumentó la capacidad, sino que el tiempo de producción se redujo de una media de 38 días a solo 14.

Para Koldo, sin embargo, el éxito en Irizar no fue suficiente. "Esa historia había inspirado a la gente de todo el mundo y muchos de ellos querían visitar nuestras fábricas. Más de 4.000 personas vinieron cada año". Pero estas visitas no crearon el esperado "efecto viral". "Mucha gente presentó argumentos para mostrar por qué nuestro enfoque nunca podría funcionar dadas sus circunstancias. Me sentí tan frustrado por la interminable lista de excusas, que me propuse demostrarles que estaban equivocados. Comencé K2K Emocionando para animar a otros. Y tenía una buena razón".

Decidió que K2K Emocionando ayudaría a transformar las organizaciones tradicionales en avanzadas. "Los líderes deben crear un ambiente en el que los empleados puedan sobresalir", dice Koldo. "Se estimula un entorno experimental y empresarial. Nuestro enfoque era radical y se basaba en una lista de principios lógicos. Primero tuvimos que deshacernos de la vieja mentalidad de mando y control". Uno de los principios más importantes de nuestro enfoque es ver a todos en el lugar de trabajo como iguales, desde el tipo que barre el suelo hasta el propietario. Así que, desde el primer día, se eliminan todos los privilegios, como se puede ver en esta empresa metalúrgica", añade, señalando el espacio de trabajo circundante. "solo tienes que mirar a tu alrededor. No hay oficinas privadas, ni comedores ejecutivos, ni aparcamiento reservado, ni bonos o incentivos por el rendimiento individual, ni acceso especial a la información".

Tras eliminar los privilegios, los consultores rediseñan cada organización en una red de equipos. "Empezamos a reorganizarnos en un sistema basado en productos, servicios, regiones, clientes y procesos", dice Koldo. "Una vez establecida la red, cada equipo elige a su propio representante. Estos líderes, sin embargo, no tienen poder, y no reciben un salario extra.

"Los equipos pueden optar por repartir este papel entre dos o más personas y sustituir al líder en cualquier momento. Los líderes simplemente se coordinan y se comunican con otros equipos". En K2K, no solo todos son iguales, sino que cada uno tiene una responsabilidad igual. "Ponemos fin a la toma de decisiones de arriba hacia abajo y nos aseguramos de que el proceso se basa en la responsabilidad compartida", dice Koldo. "Cada decisión que se toma involucra a las personas a las que afecta". En una verdadera atmósfera experimental y empresarial, la toma de decisiones debe ser compartida, cree Koldo. "Y para ello, es crucial tener una total transparencia, incluyendo la información financiera, para todos los involucrados. Hacemos transparentes los niveles salariales, así como los compromisos y resultados del equipo".

"Yo no volvería
del pasado,
entender que
que te diga que
ventajas. Entre
cosas se vuelven
en algunos
a veces la
es una

a los métodos
pero tienes que
tener un jefe
hacer tiene sus
más sabes, las
más complicadas
sentidos; a
ignorancia
bendición"

¿Por qué hacen esto? Para involucrar continuamente a los empleados en la gestión de su propia empresa, y asegurar un sentido de justicia. "Tal como podéis ver aquí. Esto ayuda a alinear los objetivos". Pero es importante recordar que ninguno de esos objetivos se dicta de arriba a abajo, ni se controlan. Todos son completamente autoestablecidos por los miembros para asegurar el juego en equipo. Las reuniones de compromiso se celebran cada dos o tres semanas, donde se revisan los resultados. Estos mecanismos de medición y seguimiento están diseñados para dar a los equipos acceso a información, en tiempo real, sobre su rendimiento.

K2K también sugiere que las empresas celebren reuniones mensuales y trimestrales para dar una mayor comprensión de los detalles financieros y de cómo se lleva a cabo el negocio.

Pablo retoma la explicación. "Mientras mucho del mundo versa sobre finanzas, no mucha gente lo entiende realmente", dice. "Incluso en los negocios, la mayoría de la gente no puede leer correctamente un balance o una cuenta de pérdidas y ganancias. ¿Cómo pueden establecer objetivos y metas si no entienden los fundamentos de la gestión de una empresa? Por eso primero enseñamos a todo el mundo los fundamentos de las finanzas". Otras prácticas de control también desaparecieron. "Nos movemos por objetivos y compromisos, no por horas. Y también, está perfectamente bien cometer errores, incluso si esto lleva a un poco de caos y frustración al principio. ¿Quién no ha cometido errores al empezar algo nuevo?" El ensayo y el error son parte del aprendizaje, no algo que se deba castigar o desanimar.

Cuando caminábamos por el lugar de trabajo, más tarde ese día, algunos empleados nos dijeron cómo les han influido los cambios. "Cuando empezamos aquí se sentía un poco como dejar la casa de tus padres para vivir por tu cuenta", dijo Leire Villoria Díez. "Cuando encuentras una nevera vacía, te toca a ti resolverlo. No hay nadie que te diga lo que tienes que hacer, o que te controle. Debes empezar a experimentar y averiguar con tu equipo la mejor manera de conseguir los resultados deseados. Al final, siempre te las arreglas".

El colega de Leire, Aitor Sanz, añade: "No volvería a la antigua forma, pero tienes que entender que no es fácil. Tener un jefe que te dice lo que tienes que hacer tiene sus ventajas. Cuanto más sabes, las cosas se vuelven más difíciles en algunos aspectos; a veces la ignorancia es una bendición". Los primeros pasos hacia una forma de trabajo más avanzada son exigentes. Pero, a lo largo de los años, K2K ha demostrado que la transformación siempre es posible, con la mentalidad y la dedicación adecuadas. Pablo comparte algunos de los resultados. "En los últimos 12 años hemos apoyado a más de 70 empresas. Investigadores de la Universidad del País Vasco encontraron que en cada caso los resultados financieros mejoraron en los dos primeros años. Los resultados dependen del carácter y el estilo de la empresa, pero la productividad siempre ha mejorado, en un promedio del 40 por ciento. Los salarios de las empresas son un 30% más alto que la media del País Vasco, y un 40% más alto que la media nacional española. El absentismo y la siniestralidad son muy inferiores".

EL ARTE DE COMETER ERRORES

El estímulo de los experimentos no es exclusivo de estas empresas del País Vasco, por supuesto. Es algo que encontramos en nuestra visita a la compañía sueca Spotify, de música streaming, fundada por el exhacker Daniel Ek y algunos otros. En los últimos años, Spotify ha puesto la industria patas arriba y ha crecido de forma constante. Cuando visitamos la oficina central en Estocolmo, tenía una plantilla de 3.000 empleados. Nada se detiene por mucho tiempo en Spotify y 100 nuevos empleados se incorporan cada mes. A pesar de esto, la compañía siempre está experimentando y manteniéndose por delante de la competencia. El lema de Daniel Ek habla por sí solo: "Nuestro objetivo es cometer errores más rápido que nadie".

Los errores son algo natural, pero incorporar el aprendizaje adquirido y mantener la cultura corporativa única de los primeros días de crecimiento exponencial de Spotify, resultó ser un reto. Todas las nuevas empresas exitosas deben lidiar con esto, y no todas salen victoriosas. El crecimiento y el caos a menudo van de la mano, y algunos tratan de manejar esto aumentando el control y la burocracia. Es una lástima, porque los avances que trajeron el éxito empiezan a fallar. Su ejemplo ha demostrado que las cosas pueden hacerse de manera diferente. Spotify marca todas las casillas de una empresa emergente moderna. Música en todas las habitaciones, grafitis en las paredes, cómodos sofás con cojines de colores del arco iris y una mezcla de arte colgante. Pero no hemos viajado hasta aquí para estudiar diseño de interiores y escuchar música. Estamos aquí para tener una mejor idea de la forma de trabajar de Spotify. Los ingenieros se han formado en escuadrones, tribus y gremios. Todo suena mucho más complicado de lo que es, y, para sorpresa de nadie, quizás se parece mucho al modelo de red de equipos.

La directora de Recursos Humanos, Katarina Berg, con una chaqueta roja brillante y una sonrisa aún más brillante, nos ilumina. "Como unidades básicas, tenemos equipos autodirigidos de seis a doce desarrolladores. Estos se denominan escuadrones y se parecen a las miniempresas. Cada escuadrón tiene su propio espacio de trabajo y plan de ataque. "No le decimos a la gente cómo hacer su trabajo. Los escuadrones que trabajan cooperativamente en una característica - por ejemplo, el reproductor de música o la infraestructura de apoyo - forman lo que llamamos una tribu. Podrías pensar en las tribus como incubadoras de las miniempresas; idealmente consisten en unos 40 desarrolladores y no suelen superar los 150 empleados.

"Para estimular las conexiones entre los grupos, introdujimos secciones y gremios. Las secciones son pequeños grupos de especialistas de la misma tribu que comparten su experiencia. Forman comunidades muy unidas y se reúnen para discusiones relacionadas con el trabajo. Los gremios se derivan de una lógica similar, pero son de toda la empresa, y hacen su trabajo de una manera más relajada. Hay gremios relacionados con los hobbies, desde el senderismo hasta la elaboración de cerveza y la fotografía.

"Hay otro grupo importante que no he mencionado: los coaches. Cada escuadrón tiene acceso a coaches, que pueden ayudar a desarrollar y mejorar los métodos de trabajo. Esa descripción es solo una instantánea, por supuesto. Nuestra actual forma de trabajo es única, pero de ninguna manera perfecta. Somos conscientes de que no tenemos todas las respuestas, y con un crecimiento tan rápido nos encontramos con nuevos retos cada día. Este es un proceso de descubrimiento continuo".

Rápidamente nos damos cuenta de lo importante que es la experimentación para la cultura Spotify. Las paredes están decoradas con Post-it multicolores, y las pizarras blancas indican el progreso. Berg dice que esto también es para estimular la experimentación. "Damos más valor a la innovación que a la previsibilidad. La predicción nunca puede ser innovadora. Se trata de proporcionar un valor añadido, no de llevar a cabo planes prefabricados. Todos nuestros experimentos se anotan en las pizarras. Los equipos se reúnen regularmente allí para medir los progresos. ¿Qué experimentos se han llevado a cabo? ¿Qué hemos aprendido de ellos? ¿Qué es lo que viene después? Los equipos pueden reflexionar sobre lo que ha funcionado y lo que ha resultado menos efectivo".

Esto estimula a los equipos a probar constantemente nuevas ideas. La filosofía es de sentido común y evaluación. "Realmente no es complicado", dice Berg. "Tratamos de medir lo que el experimento puede proporcionar, y verificar si funcionó, o añade valor. Si esa es una respuesta positiva, la mantenemos. Si no, la abandonamos". Esto asegura que las decisiones importantes tomadas por los equipos se basan en datos realistas, no en opiniones o en el ego. Los desarrolladores de Spotify disfrutan de una saludable medida de confianza y responsabilidad. Cometer errores es aceptable, siempre y cuando se aprenda algo en el camino. Algunos equipos tienen un muro de fallos especial para fomentar el aprendizaje de los errores. Junto a estos muros de fallos, los blogs internos comparten los éxitos y fracasos para crear una cultura de mejora, siempre impulsada por los propios empleados. "Preferimos gastar nuestro tiempo y energía en ajustarnos y recuperarnos rápidamente, en lugar de en inútiles intentos de predecir el futuro".

PRÁCTICAS PIONERAS DE TODO EL MUNDO

El académico estadounidense Leon Megginson observó, en su interpretación de 1963 de la tesis central de Charles Darwin, que no es ni la más fuerte ni la más inteligente de las especies la que sobrevive, sino la más adaptable. Esta es una visión esencial para los negocios que luchan por enfrentar desafíos sin precedentes. La competencia está cambiando, la base de clientes está cambiando, la tecnología está cambiando, así como el mercado. Los sistemas ya no duran generaciones y pueden ser útiles solo por unos pocos años o incluso meses. Las empresas que se apegan demasiado al statu quo son a menudo las que más ferozmente lo defienden. Deberían darse cuenta de que son ellos los que al final perderán. Los negocios que experimentan constantemente serán los ganadores.

Los avanzados ven esta nueva realidad no como un problema, sino como un reto emocionante. Saben que nunca "llegarán". En este proceso de experimentación, la velocidad es esencial: un cambio rápido requiere una respuesta rápida. "Los avanzados saben que el éxito pertenece al que aprende rápido. Spotify abraza esta noción". Aunque a primera vista el grupo de empresas de Bilbao y Spotify no parezcan tener mucho en común, podrías sorprenderte. Ambos han sido capaces de adaptarse a esta nueva realidad de cambio rápido. Es exactamente por eso que las organizaciones avanzadas abolen los antiguos mecanismos de predicción y control. Se despiden del rígido ciclo presupuestario, de las asfixiantes reuniones de coordinación y de la mentalidad cuestionable de las decisiones. Saben que la adaptabilidad es una necesidad y se centran en la construcción de la cultura adecuada. La clave del éxito es experimentar a menudo, fracasar rápidamente

Damos más valor
a la innovación
que a la
previsibilidad.
La predicción
nunca puede ser
innovadora

– Katarina Berg

y seguir mejorando. Para que quede claro: estos pioneros saben que los experimentos más valiosos son el resultado de una intensa interacción entre empleados, clientes y otros interesados. No son el resultado de una visión mística del futuro por parte de un grupo de consultores o astrólogos sobrepagados.

Los avanzados son pioneros de formas alternativas y son una importante fuente de inspiración para la experimentación y adaptación implacable. Ellos muestran el camino a seguir. He aquí un punto de partida: una vez más, miremos primero los pasos fáciles.

NIVEL 1. EXPERIMENTACIÓN DESPIADADA

Nike tenía razón. Cuando se trata de experimentar, el mejor consejo es: hazlo. La acción es el antídoto más poderoso contra la enfermedad corporativa de la "parálisis por el análisis". Es necesario abrir paso a la acción. Inspírate en los trabajadores de la fábrica de Bilbao y en los promotores de Spotify. Sigue su ejemplo y empieza a experimentar por ti mismo. Date cuenta de que el cambio ya no debería ser un evento de una vez al año. Es parte del trabajo diario. Siempre es mejor experimentar y fallar que nunca intentar algo nuevo. ¿Una idea para un nuevo producto o servicio? ¡Experimenta! ¿Mejorar tu forma de trabajar? ¡Experimenta! ¿Saltarse esas inútiles reuniones de alineación? ¡Experimenta! Prueba nuevas ideas y toma decisiones basadas en la evidencia sobre la mejor manera de avanzar.

No te rindas demasiado rápido. Matt Pérez, fundador de la empresa mexicana de informática Nearsoft, nos inspiró con este principio: "Queremos crear una cultura de la experimentación. Así, cuando una persona o equipo quiere experimentar con algo nuevo, y hay suficiente apoyo interno, son libres de intentarlo.

Si decidimos ir por ello, por lo general nos comprometemos por lo menos por un año. Queremos aprender e innovar por ensayo y error. Ver si realmente funciona".

NIVEL 2. MATA EL CICLO PRESUPUESTARIO

Elimina tus procesos de gestión anuales que se basan en salvajes conjeturas, que incluyen objetivos fijos y giran en gran medida en torno a la política de oficina. Deshazte de tus detallados ciclos presupuestarios anuales, tus objetivos y metas anuales fijas. Si el banco sueco Handelsbanken (con miles de empleados) puede hacer esto, ¿por qué tú no? solo planifica y pronostica si te parece vital. En tales casos, organiza los procesos de una manera más dinámica estableciendo objetivos a corto plazo (es decir, mensual o semanalmente) y pronósticos continuos. Asegúrate de que todo el mundo es consciente de cómo la empresa intenta dar sentido a esos objetivos y asigna los recursos a demanda donde parecen ser más necesarios.

NIVEL 3. CREA UN ENTORNO "SEGURO PARA INTENTARLO"

Experimenta correctamente y falla con maestría. Te guste o no, los dos deben estar juntos. Debes asegurarte de que la gente se sienta segura con esto. De lo contrario, no irás a ningún lado. Si fallan, deben ser recompensados, no castigados. No vas a castigar a tu hijo por caerse cuando esté aprendiendo a caminar, ¿verdad? Mira la experimentación de la misma manera. Sin caerte, nunca te levantarás de verdad. Simplemente haz la pregunta: "¿Es lo suficientemente seguro como para intentarlo?" Eso es todo lo que necesitas saber. Evaluar, aprender, adaptarse. Míralo como un progreso. Varios pioneros celebran regularmente "reuniones de cagadas". La gente comparte sus mayores desastres y le dice a la multitud lo que ha aprendido. ¿Te gustaría celebrar un evento así? Asegúrate de que los líderes sean los primeros en compartir. Entrega premios a los mejores fracasos y crea momentos especiales para celebrar la experimentación. Esto generará el ambiente que buscas y animará a otros. La experimentación debe ser divertida y emocionante, no amenazante.

NIVEL 4. EXPERIMENTOS DE COLABORACIÓN ABIERTA (CROWDSOURCING)

Establece una plataforma de colaboración abierta e invita a los empleados a unirse. Crea un movimiento de abajo hacia arriba. Los programas de cambio a gran escala fallan el 70 por ciento de las veces. El problema es que con frecuencia se inician y se gestionan desde arriba, pero rara vez cuentan con el apoyo del personal de primera línea, que es el que efectuará el cambio. Construir una plataforma de colaboración abierta que permita a cualquiera hacer algo nuevo, como los trabajadores de la fábrica de Haier. Invita a todos a participar y hacer sugerencias, deja que recluten a sus compañeros rebeldes y lanzar los experimentos más populares.

NIVEL 5. TIEMPO DE REBELDÍA

Ve más allá, dales a todos el tiempo que necesiten para rebelarse. Hay muchas maneras de hacer esto. Una, es crear un tiempo de experimentación dedicado a través del nombramiento de rebeldes a tiempo completo, un grupo selecto que constantemente empuja las cosas hacia adelante. En Spotify, los desarrolladores disfrutan de un "10 por ciento de tiempo de hackeo" para trabajar en lo que quieran. Un departamento gubernamental belga anima a los empleados a dedicar el 15 por ciento de su tiempo de esta manera. Google solía tener la famosa regla del 20 por ciento en la que los empleados podían dedicar una quinta parte de su tiempo a proyectos iniciados por ellos mismos. Con resultados maravillosos: algunos de sus productos más importantes como Gmail y AdSense, salieron de esto.

CAPITULO 5

DESDE LAS REGLAS Y EL CONTROL A LA LIBERTAD Y LA CONFIANZA

"Debes visitar al hombre de las historias divertidas y los zapatos ridículos.". Esto es algo que en nuestros viajes escuchamos con sorpresa a menudo y en varios lugares. La leyenda dice que este hombre trabaja en una organización inusual, y que es la fuerza motriz detrás de la creación de uno de los más notables organismos gubernamentales. Eso suena prometedor. Decidimos seguirle la pista y averiguar qué lo motiva.

Nuestro objetivo es Frank van Massenhove, del Ministerio de Seguridad Social Belga (BvdV). Sus libros y las historias que encontramos en Internet son intrigantes y nuestra curiosidad crece en el camino a Bruselas. ¿Es cierto que hay un Ministerio donde los funcionarios deciden por sí mismos dónde, cuándo e incluso cuántas horas trabajan, donde no hay ni siquiera un registro del tiempo de trabajo? ¿Un Ministerio sin reuniones recurrentes? Hemos visitado una buena cantidad de lugares de trabajo notables, pero esto suena increíble.

Llegamos al centro de la ciudad y nos estacionamos cerca de la Torre de Finanzas donde se encuentra el Ministerio; el edificio parece frío y despiadadamente corporativo: 36 pisos de cristal y demasiado sombrío. Nos presentamos en la recepción y una amable señora nos guía a uno de los niveles inferiores del edificio. Aunque nos dirigimos al sótano, emergemos en un espacio ligero, colorido y moderno. Pronto llega Van Massenhove, y nuestra primera impresión es que se parece a Lambik, un personaje de cómic flamenco de la serie Suske And Wiske. Tiene una amplia sonrisa, ojos brillantes, y los zapatos azules brillantes con calcetines que desentonan, de los que tanto hemos oído hablar.

"Conseguí el trabajo como jefe de la organización en 2002, principalmente porque mentí durante mis entrevistas", es su honesta frase de apertura. Esto no es algo que se esperaría del presidente, y aunque la mentira era sustancial, fue blanca. "Si hubiera sido completamente honesto sobre mi plan de no tomar todas las decisiones yo mismo y dar a los empleados el poder, no me habrían nombrado. Así que les dije lo que querían oír. Dije que iba a dirigir a través de mando y control, mostrar al personal quién es el jefe, decirles cómo hacer su trabajo, y tomar todas las decisiones importantes yo mismo. Funcionó de maravilla.

"Uno de los errores más comunes es traer a los gerentes equivocados, los que toman el control total. Se perciben 'seguros', pero carecen de confianza - y los empleados son privados de responsabilidad y apropiamiento."

Desde el primer día, Frank van Massenhove mostró su rebeldía interior. "Cuando conseguí el trabajo, hice exactamente lo contrario de lo que dije", sonríe. "Muy recalcitrante, lo sé. Mi objetivo era construir sobre los cimientos de la libertad, la confianza y la responsabilidad. ¿Por qué? Tengo ideas sobre el liderazgo diferentes a las del presidente promedio. Quería introducir una nueva atmósfera, porque tengo más fe en los empleados que en mí mismo".

La diferencia aquí, observamos, no son solo los calcetines.

"Poner esto en práctica no siempre es fácil," continúa, "especialmente considerando el estado del ministerio en ese momento. Llegué con la cabeza llena de ideas, pero encontré una organización descuidada y polvorienta extendida por Bruselas en cuatro edificios. Era demasiado triste para ponerlo en palabras. Uno de los departamentos estaba en un viejo aparcamiento, así que podrías haber conducido por los pasillos. Había salas de reuniones sin ventanas. Los cuatro edificios tenían cada uno su propia cultura corporativa, dependiendo del piso en el que estuvieras. Cualquier similitud que encontráramos era negativa: filas interminables de archivadores y una jerarquía más adecuada al Rey Sol, Luis XIV.

"El sistema de comunicación interna me hizo sentirme avergonzado, los sistemas de TI rara vez funcionaban correctamente, y la gente estaba infeliz y poco motivada. No se atrevían a mostrar ninguna iniciativa, por miedo a ser rechazados. La mayoría de los colaboradores no sabían explicar exactamente cuál era su papel, y el servicio al público era espantoso. No era raro que una investigación tardara dos años en ser procesada, para entonces ya no era relevante".

El ministerio estaba funcionando tan mal que a nadie le importaba lo que los demás hacían, y los empleados improductivos pasaron desapercibidos durante los primeros años. "Mantuvimos la puerta cerrada por un tiempo, pusimos todo de cabeza, y luego la volvimos a abrir. Para entonces, nos desempeñábamos tan bien que nadie se atrevía a interferir. De todos modos, ya habíamos ido demasiado lejos en la madriguera del cambio." Van Massenhove tenía una visión clara: crear un lugar donde él mismo quisiera trabajar. Quería crear un ambiente de jazz, donde los colaboradores de todas las edades se sintieran como en casa. Pero toda la empresa envejecía a cada minuto. ¿Cómo se atrae a nuevos talentos cuando se le conoce como el servicio gubernamental más aburrido y de peor desempeño en Bélgica?

"Aquellos que solicitaron trabajo en 2002 lo hicieron como último recurso", admite. "No tenía ni idea de cómo atraer a los jóvenes, pero dos de ellos eran mis propios hijos, así que decidí compartir mi problema con ellos. ¿Qué buscarían en un empleador moderno? Pronto descubrí que la generación más joven detesta las viejas formas de trabajo. Quieren elegir dónde y cuándo trabajar, y un entorno de oficina sin símbolos de estatus prehistóricos, jerarquías y fetiches de diplomas. Se trata de confianza y de que se les permita evaluar a su jefe. Se trata de una cultura de flexibilidad".

De repente, Van Massenhove se levanta, interrumpiendo su historia. "Profundizaremos sobre eso más tarde", dice. "Me gustaría darles un tour por el edificio, para que entiendan mejor". Recorremos la moderna y bien amueblada oficina. No hay estaciones de trabajo fijas, sino una variedad de cuartos silenciosos, espacios de trabajo flexibles y lugares de reunión. Los pisos están conectados por grandes escaleras abiertas y la luz entra en el edificio desde todos los ángulos. En una pared, una cita de René Magritte, expresiva por la forma en que trabaja el ministerio: "La libertad es que tú puedes ser, no que tú tienes que ser". Notamos que casi no hay nadie presente. "¿Es un día festivo nacional?" preguntamos.

Mantuvimos
la puerta cerrada
por un tiempo,
pusimos todo de cabeza,
y luego la volvimos
a abrir. Para entonces,
funcionábamos tan bien
que nadie se atrevía
a interferir. De todos
modos, ya estábamos
muy dentro de la
madriguera del cambio.
— Frank van Massenhove

"No, es solo un día de trabajo ordinario, solo que el pegamento aquí es la confianza, y como líder debes ganártela. Cuanto más das, más recibes. Todos pueden decidir dónde y cuándo trabajar. Por lo general, tenemos alrededor de 200 de 1000 servidores presentes." Momentos después, una niña pasa corriendo y un colaborador nos dice con orgullo que es su nieta. "Sus padres tenían que trabajar", dice, "así que decidí traerla. Ha estado ayudando a las personas de limpieza y ahora nos vamos al parque".

Estamos empezando a entender por qué era necesario este viaje. Hay mucho que compartir y de lo que estar orgullosos.

Discutimos nuestra mutua frustración con las estructuras tradicionales, preguntándonos por qué el trabajo debe seguir organizándose así. ¿Por qué nuestra fe en los demás es tan baja que no confiamos en nuestros colegas para tomar la más pequeña de las decisiones? ¿Escribir manuales de política es realmente la mejor forma de invertir el tiempo de la empresa, cuando es poco probable que se lean? ¿Tenemos que imponer reglas estrictas a las masas por los pecados de unos pocos? Muchos piensan que sí. El miedo y la desconfianza tienen un claro rol en el campo de juego. La gente se aferra a los sistemas de control, incluso cuando se ha demostrado repetidamente que no funcionan. En nuestros trabajos anteriores, esto nos volvía locos. La jungla de protocolos y mecanismos de control, el aluvión de reglas. No era inusual pasar la mitad de nuestro tiempo escribiendo informes para que los gerentes pudieran tener una sensación de control. Desafortunadamente, el contenido (lleno de química y física cuántica que solo los verdaderos nerds entienden) era tan complicado que los gerentes no podían encontrar ni la cabeza ni la cola del mismo.

Otro ejemplo de nuestras vidas pasadas: después de un viaje de negocios, un colaborador tenía que llenar declaraciones para que le reembolsaran sus gastos. Las muchas páginas habrían sido un reto incluso para el más dedicado tallador de lápiz. Entonces el líder del equipo tenía que aprobarlo. Después de eso, la solicitud viajaba a un departamento dedicado, día tras día, a la comprobación de formularios. La mayoría de la gente terminó sobrepasando los límites de lo que era permisible. ¿Una asignación máxima de 300 euros para el alojamiento en un hotel? La cuenta sería de 299 euros. ¿Reservar un vuelo que está dentro de los límites de costo, pero que le proporciona millas aéreas adicionales? ¡Adelante! Suena infantil, pero eso es lo que pasa cuando tratas a la gente como niños.

Una de las compañías de nuestra Bucket List tiene una solución diferente. El servicio de películas en streaming Netflix tiene una sola política cuando se trata de viajes corporativos: "Actuar en el mejor interés de Netflix". Usa el dinero de la compañía como si fuera tuyo y haz todos los costos transparentes. Hay fe en que eres lo suficientemente responsable para tomar la decisión correcta. ¿El beneficio? Más autonomía, menos reglas, y no se necesitan departamentos para hacer las comprobaciones.

La tontería de este sistema fue ilustrada por una anécdota de Jean-Francois Zobrist, ex director general de la empresa manufacturera francesa FAVI. Habló con nosotros un domingo por la mañana en su casa rural en el norte de Francia. "Una vez, caminando por la fábrica, me encontré con Alfred", dijo. "Estaba esperando frente al almacén y le pregunté por qué estaba allí. Me dijo: "Tengo que cambiar los guantes. Tengo un vale de mi jefe y mis guantes viejos." La regla era la siguiente: cuando un empleado necesitaba guantes nuevos, tenía que mostrar los viejos a su jefe, tomar un vale, ir al almacén, entregar el vale y el par viejo antes de que le dieran los nuevos. Este proceso me pareció poco práctico. El departamento de contabilidad me dijo que la máquina que Alfred operaba costaba 600 francos por hora. Los guantes cuestan unos seis francos el par. Haz los cálculos. Me hizo darme cuenta de que este proceso estaba resultando en unos guantes muy caros. Aunque los empleados se llevaran un par a casa de vez en cuando, todos ganarían."

La ironía es sombría. Muchos pioneros están de acuerdo en que solo el tres por ciento de la fuerza de trabajo es probable que se saque provecho en contra del sistema. Esto significa que se implementan reglas para mantener a raya a este deshonesto tres por ciento, lo que ahoga la productividad, la autonomía y la alegría del 97 por ciento. La falta de confianza en los empleados y colegas, más la necesidad de tener una ilusión de control, equivale a una pérdida de autonomía.

Nuestra moderna forma de trabajar hace que la gente se enferme. Un estudio reciente de la TNO (Organización Holandesa de Investigación Científica Aplicada) encontró un creciente problema de agotamiento[28]. Una de las principales razones es la disminución de la autonomía: la gente siente que tiene muy poco control sobre lo que sucede en su día de trabajo - y la situación está empeorando. Parece que estamos volviendo a la era industrial.

¿Conclusión? Esto no luce bien para la libertad y la confianza en el lugar de trabajo. Vemos quejas de salud mental y física, descontento y poca motivación - y la enorme brecha entre el saber y el hacer. La investigación muestra consistentemente los beneficios de la autonomía, la libertad y la confianza - pero nada cambia.

FUNCIONARIOS FELICES

Frank van Massenhove nos cuenta los desafíos que enfrentó. "El objetivo era hacer felices a los funcionarios públicos y crear un gobierno más eficiente. El ministerio quiere ser un lugar atractivo donde los clientes y los empleados se sientan como en casa." Esto proporcionó el punto de partida, compartió la visión y dio al personal un papel importante en el proceso. "Le dijimos a nuestra gente: 'Este es nuestro destino, pero como lleguemos ahí depende de ustedes'." El mensaje era claro. "Para despedirnos de los viejos hábitos, debíamos

Los empleados
pasar tiempo
solo porque
convirtió en una
juego perverso
se quedaba

empezaron a
en la oficina
sí. Esto se
competencia, un
para ver quién
más tiempo.

hacer las cosas de manera diferente y cuestionar todas las prácticas y supuestos. Queríamos reinventar y reconstruir. Nos preguntamos qué quería la gente realmente." El ministerio planteó algunas preguntas difíciles, tales como: ¿Cómo podríamos diseñar esto desde cero? ¿Cómo construimos un departamento gubernamental orientado a la satisfacción del cliente y el trabajo orientado a los resultados, donde los empleados estén contentos?

"Durante esta transformación de tres años, intentamos involucrar a los funcionarios tanto como fuera posible. Para cambiar la cultura corporativa, es importante tener a los empleados de tu lado." ¿Cómo funciona eso en la práctica? Haciendo que los empleados describan su futuro ideal. Manteniendo la conexión con ellos, obteniendo información y aprendiendo de ella. Los líderes preguntan qué es lo que molesta a las personas, qué las impulsa, y qué cambios las harían felices 29.

La transformación fue ideada principalmente por los funcionarios a través de las respuestas a las preguntas. Van Massenhove admite que no se le ocurrieron muchas ideas nuevas. "La mayor parte fue diseñada por nuestra gente. Visitamos todo tipo de empresas y oficinas gubernamentales... y luego robamos sus ideas 29."

Entonces, ¿qué es lo que hacen los de arriba? Crean una clara e inspiradora visión de liderazgo. A los funcionarios se les da la libertad de decidir cómo se puede renovar el servicio. Los empleados son capaces de contribuir al cambio y sus opiniones deben ser tomadas en cuenta. Los funcionarios públicos conocen los enredos del gobierno mejor que nadie, e impulsaron esta transformación. Se dieron los primeros pasos, y la obsesión por el tiempo fue reemplazada por un enfoque en los resultados. "No tiene sentido comprobar el número de horas que la gente pasa detrás de sus escritorios y no preocuparse de si cumplen. A menudo se asume que la gente es productiva cuando se sienta detrás de sus escritorios." Los empleados pasaban su tiempo en la oficina solo porque sí. Esto se volvió un juego competitivo, perverso para ver quién podía quedarse más tiempo. No podías ir a casa antes de que tu jefe se fuera. Esto tenía que cambiar. "Queríamos centrarnos en los resultados."

El ministerio ahora opera en la estructura de la red de equipos, con los grupos evaluando a su representante; los símbolos de estatus son cosas del pasado. La alta dirección se sienta en la misma mesa que los demás. El personal del ministerio tiene total libertad para diseñar su día de trabajo: en promedio, solo seis horas - pero son mucho más productivos. Durante los tres primeros años, la productividad aumentó un 18 por ciento, y después un promedio del 10 por ciento anual. El ministerio tiene el menor número de ausencias por enfermedad en Bélgica, y prácticamente no hay agotamiento. Ganó el Premio a la Organización Equilibrada en cuanto a Género (sin una política de género en vigor) y en cada departamento, los sexos están igualmente representados. Frank atribuye esto a la flexibilidad: "Otros tienen muchas mujeres trabajando a tiempo parcial, para equilibrar la vida laboral y familiar. Aquí no hay necesidad de eso".

El ministerio logró crear un ambiente que atrae nuevos talentos. "Antes de la transformación, recibíamos, en promedio, tres solicitudes para cada vacante. Ahora estamos recibiendo cerca de 60." En los malos tiempos, solo el 18 por ciento de los solicitantes de la administración pública querían trabajar aquí; ese porcentaje ha subido al 93. "Aportamos pruebas de que una cultura basada en la libertad y la confianza realmente funciona. Hacemos el mismo trabajo, pero la forma en que lo hacemos es diferente." ¿Este nuevo sistema solo interesa a la generación más joven? Van Massenhove cree que no. "Nos enfocamos en ellos, pero ¿quién es más feliz? La generación mayor. Les mostraré cómo practicamos la libertad y la confianza". Pasamos por delante de una puerta cerrada, donde Frank se detiene y sonríe. "Permitimos a los empleados decorar su espacio de trabajo", se ríe, mientras abre la puerta. "Esta es la elección de nuestro departamento de IT: ¡una habitación sin luz natural, llena de pantallas deslumbrantes!"

El ministerio muestra cómo el trabajo puede ser radicalmente diferente y mejor. Realmente hay lugares donde la gente florece. El trabajo se vuelve más agradable y los resultados mejoran. Por supuesto, no es fácil hacer este trabajo desde el primer día; es un proceso difícil, pero vale la pena el esfuerzo. Se necesita más que la convicción de que las cosas pueden ser diferentes: se necesita una dosis saludable de agallas. Van Massenhove lo demostró al principio manteniéndose callado y avanzando. Si los ministros hubieran sido conscientes de su plan, lo habrían detenido. "Nunca en mi vida me he encontrado con personas tan reacias al riesgo como los políticos. Todo el mundo quiere un gobierno eficiente e inmutable. Así que mantuve la boca cerrada hasta que obtuvimos los resultados necesarios." Un verdadero rebelde en el trabajo.

¿Era importante tener la presencia física de los funcionarios en el ministerio, cinco días a la semana? Muy pronto, quedó claro que la respuesta era no. Una vez que se aceptó y se entendió, el reto era asegurar que los funcionarios recién liberados de la oficina pudieran operar eficientemente a distancia. Para el personal que trabaja a distancia, el primer punto de la agenda de gestión es tener una adecuada configuración informática. Todos los miembros del equipo - los funcionarios en este caso - reciben un ordenador portátil y un teléfono con acceso a Internet. Tan pronto como esta infraestructura está en su lugar, hay libertad y flexibilidad para trabajar en la oficina, desde una habitación de hotel, desde un café, o desde casa. La tecnología actual lo permite, así que ¿por qué no utilizarla?

Pero esos no son los únicos cambios en el caso del ministerio. El sistema de ingreso con reloj de fichar fue abolido, los procesos se hicieron más fáciles de usar, el lugar de trabajo se hizo más agradable, los archivos se digitalizaron. No había necesidad de que los funcionarios vinieran a la oficina y se metieran en los archivadores. Recuperaron el control de sus vidas. "Del 92 por ciento de los funcionarios que pueden manejar su tiempo libremente, alrededor del 69 por ciento prefiere trabajar principalmente desde casa", dice Frank. "El resto viene a la oficina como de costumbre. Los que quieren saber cuántas horas trabajan pueden llevar la cuenta. Unos pocos, tal vez el 16%, todavía lo hacen, y a mí me parece bien. Muchos vienen a la oficina porque es un buen lugar para trabajar y para reunirse. Pero como dije, no controlamos sus horas, nos enfocamos en los resultados".

Se anima a los funcionarios de campo a que vengan una vez cada quince días y a la hora que elijan los miembros del equipo. El punto más importante, como siempre, es que los empleados tienen la libertad de decidir por sí mismos. Se preguntarán cómo se aplica esto a las organizaciones que están ligadas a su lugar de trabajo, como los trabajadores de las fábricas, el personal de venta en tiendas y las personas que laboran en hospitales o centros de cuidado. Incluso aquí hemos visto que los empleados que son responsables de sus propios resultados son lo suficientemente inteligentes como para saber dónde tienen que estar y cuándo. Las reglas no son necesarias. Dar la elección y la responsabilidad a los equipos, no a los burócratas.

Los funcionarios del Ministerio de Seguridad Social belga demuestran que es una tontería insistir en que los empleados trabajen de 9 a 5 sin tener en cuenta la productividad. El otro extremo de un lugar de trabajo poco inspirador es el deseo de que los empleados trabajen, o piensen en el trabajo, 24 horas al día, 7 días a la semana. En muchos sectores, una semana laboral de 80 horas es una necesidad para una carrera exitosa. Ya sea explícita o implícitamente, siempre se considera que estás disponible. Esta cultura enferma se encuentra en muchos lugares. Uno de ellos es la profesión legal.

Afortunadamente, incluso aquí, hay firmas que evitan la carrera de ratas. Llegamos a conocer a dos de ellos en lados opuestos del mundo. En Nueva Zelanda, visitamos la WCLC de Wellington, donde una pirámide jerárquica fue desmantelada en seis meses. Esta empresa introdujo la transparencia y prescindió de muchos procesos innecesarios. En Europa, presentamos nuestros respetos a otro bufete pionero, Brugging & Van der Velden en Utrecht. BvdV fue fundado en 2006 y es conocido por su semana laboral de cuatro días; se disuade a los empleados de trabajar más tiempo. Conocimos a uno de los fundadores, Sjoerd van der Velden.

> Queríamos una oficina donde todos, desde el fundador hasta la secretaria, pudieran opinar. Queríamos que todos se sintieran, y actuaran, como un emprendedor
>
> — Sjoerd van der Velden

TODOS SON IGUALES

Esperábamos una oficina abarrotada de gente con trajes. No, en absoluto; nos recibe en jeans y con un jersey. Está acompañado por una de sus colegas más jóvenes, Martina. "Esto es para que no solo tengas testimonios míos", dice. "Martina es mucho más capaz de explicar cómo trabajamos, y me mantendrá alineado." Un comienzo maravilloso; estamos ansiosos de saber que nos espera el resto del día.

Nos llevan a una gran sala de reuniones donde nos sentamos en una mesa ovalada, disfrutamos de un par de rebanadas de pan típicamente holandesas con hagelslag (espolvoreado de chocolate, si no lo has probado, deberías hacerlo). Van der Velden trae el café y vierte la leche, la primera señal de que todos son iguales aquí. Durante el almuerzo, nos dice que se inspira en las ideas del empresario brasileño y pionero de la Bucket List Ricardo Semler. "Durante años trabajé en uno de los bufetes legales más tradicionales", dice. "No era particularmente infeliz, pero siempre supe que, incluso en nuestra línea de trabajo, las cosas podían hacerse de una manera diferente. Me refiero a algunos de los efectos adversos de la estructura tradicional de socios: la estricta jerarquía, las ridículas horas de trabajo y las limitadas posibilidades de crecimiento. Semler demostró que los empleados se desempeñan mejor cuando tienen libertad y confianza. ¿Por qué no dárselas? En 2006, usamos esto como base para establecer la empresa. Queríamos una oficina donde todos, desde el fundador hasta la secretaria, pudieran opinar. Queríamos que todos se sintieran y actuaran como un empresario. El lugar debería pertenecer a todos".

Esta oficina tiene unos 20 empleados, un número deliberadamente bajo, pero todos tienen voz y voto. Las decisiones importantes se toman durante las reuniones semestrales, en esta mesa. Se discuten todos los asuntos que afectan a la filosofía del negocio, y se espera que todos contribuyan. Las reuniones nunca son presididas por la misma persona y los participantes no buscan una mayoría democrática sino que se esfuerzan por el consenso. La igualdad es primordial. Eso no es todo lo que distingue a la BvdV. A diferencia de las empresas tradicionales, donde la persona que trae más trabajo recibe una mayor porción del pastel, los nombramientos de los socios de capital aquí deben ser acordados por todos los empleados. "Tenemos en cuenta más requisitos sociales. Las acciones que el personal recibe les dan derecho a dividendos solo mientras están en su posesión, y por un máximo de 13 años. Esto asegura que siempre haya posibilidades de ascenso, incluso si te has incorporado recientemente."

¿Pero cómo rompe la BvdV con el vicio más obstinado de los bufetes de abogados: la opresiva semana laboral? Martina explica: "Cada uno es personalmente responsable del número de horas que trabaja. Hay tanta confianza que podemos decidir cuántos días trabajamos, cuántas horas trabajamos y cuál es nuestra tarifa por hora. No llevamos la cuenta de las vacaciones anuales. ¿Estás de vacaciones? Si es así, no tienes que facturar horas". Esto no es una obligación. "La libertad y la responsabilidad van de la mano. Trabajamos con lo que llamamos un punto de equilibrio (BEP). Cada año, calculamos cuántas horas facturables se deben poner para mantener el lugar funcionando. Más allá de ese punto, cada hora es un beneficio. Todos reciben un salario básico, pero también se benefician de las horas que superan el BEP." Es en interés de todos mantener los costos bajos. Cuanto antes se alcance el BEP, mayor será el beneficio compartido. Todo el mundo se beneficia y el interés de los empleados va en paralelo con el de la oficina. Asegura que todos actúen responsablemente y no haya gastos excesivos. La administración -contestar teléfonos, fotocopiar, limpiar escritorios, hacer café y lavar platos- son tareas compartidas.

Esto deja la pregunta más importante sin respuesta: ¿cómo se asegura BvdV de que la gente no se centre solo en ganar tanto dinero como sea posible? "Hay un máximo anual, equivalente a unas 1.128 horas facturables (seis horas al día, cuatro días a la semana, 47 semanas al año) que se pueden ganar en la empresa", dice Martina. "Introdujimos un tope de facturación en lugar de objetivos de facturación para evitar la sobrefacturación e introdujimos la semana de cuatro días. Claro, puedes trabajar más horas, pero no es financieramente conveniente. Creemos que un equilibrio saludable entre el trabajo y la vida privada es esencial para la creatividad y el empleo a largo plazo. Una semana de trabajo de cuatro días es la norma, no la excepción".

Echemos un vistazo a la semana laboral "normal". En un día de 9 a 5, ¿cómo se establecen los objetivos, se mide lo que se ha logrado o se cuantifica el progreso? Trabajando en equipo, y haciendo a todo el equipo responsable de los resultados, sustituyes el control de arriba a abajo por una forma de revisión por pares. Tú y tus colegas están controlando el rendimiento; esto es diferente a ser responsable ante un jefe. La forma en que se miden los resultados depende del equipo. Para algunos, es el número de piezas fabricadas o el tiempo de respuesta, para otros es el nivel de satisfacción del cliente (o el número de quejas recibidas). Es fácil ver lo que el proceso liberal le ha dado a la BvdV a cambio. Y hay otros lugares donde la flexibilidad asegura un mejor equilibrio entre trabajo y vida privada.

CUATRO DÍAS FUNCIONA ESTUPENDO

Nos encontramos en Nueva Zelanda. La empresa de gestión de activos Perpetual Guardian experimentó por dos meses con la semana de trabajo de cuatro días, para sus 240 empleados. A los trabajadores se les pagó cinco días y el ensayo fue evaluado por la Universidad Tecnológica de Auckland. ¿El resultado? El 78 por ciento de los empleados estaban contentos con la integración de su vida laboral y privada, y los niveles de estrés se redujeron 30. La motivación y el rendimiento aumentaron.

A menudo sucede que la gente escucha estas historias de éxito, e inmediatamente asume que esta debería ser la nueva norma. Resista al impulso. Lo más importante es descubrir qué es lo que funciona y lo que no funciona. Una cosa que hemos aprendido, es que no hay un santo grial, ni una bala de plata, ni una talla única para todos. El punto es que cada organización debe atreverse a experimentar para obtener nuevos conocimientos y ver si hay una mejor forma de hacer las cosas.

La semana de cuatro días puede ser la respuesta a uno de los problemas que ocasionalmente plantean los horarios flexibles: no tener a nadie cerca cuando el personal es repentinamente -a veces desesperadamente- requerido. Aquí hay una solución de Kath Blackham, que fundó VERSA en Melbourne hace 10 años. VERSA emplea a 55 personas y su propósito es "mejorar la vida de las personas" a través del desarrollo de la web, móviles y plataformas, incluyendo la tecnología de voz. La empresa ha sido galardonada en varias ocasiones, y la mitad de su base de clientes está compuesta por organizaciones sin ánimo de lucro y gubernamentales. Nos reunimos con Blackham en su casa para discutir las implicaciones de una semana más corta.

Desde 2018, los empleados de VERSA han estado distribuyendo sus horas en solo cuatro días de trabajo. Blackham tuvo que luchar para cumplir con el nuevo horario, pero ella persistió: reducir las horas en las industrias donde los días largos son la norma ha demostrado ser beneficioso. "Para los empleados", dice Blackham, "(el día libre extra) podría mejorar la salud mental, dar tiempo para la crianza de los hijos y fomentar el espíritu empresarial". También hay beneficios para los negocios, como un trabajo más concentrado, menos ausentismo y mayor productividad".

Introdujimos un tope
de facturación en
lugar de objetivos
de facturación
para evitar la
sobrefacturación
e introdujimos la
semana de cuatro días.
Claro, puedes trabajar
más horas, pero no
es financieramente
conveniente.

— Martin van Eldik

Blackham lanzó la idea al resto del equipo de liderazgo, inicialmente en vano; se temía que los ingresos disminuyeran. Se negó a aceptar un "no" por respuesta, y estableció un experimento. Durante 90 días, tres miembros del personal convirtieron sus horas habituales en una semana de cuatro días; se les pagó por cinco. En términos de horas facturables, beneficios e ingresos, los resultados fueron abrumadoramente positivos. El experimento se amplió rápidamente para incluir a todos los empleados. El director creativo Andrew Isaac reflexiona: "Fue difícil al principio, y cada uno tuvo que encontrar su propio camino. Tuve que averiguar cómo programar todas mis reuniones y seguir siendo productivo. Eso no fue fácil, pero ciertamente me ayudó a trabajar de forma más inteligente. Siento que fue igual para los demás".

Después de un año, estaba claro, para Blackham y sus colegas, que se había dado el paso correcto. "Los beneficios se han duplicado, los ingresos han crecido un 46 por ciento y la retención de personal ha pasado del 77 por ciento al 88. La gente está más sana, más feliz, y es menos probable que se tome días de baja por enfermedad". Blackham es, sin embargo, reacia a dar todo el crédito al programa "Cuatro días". "Es difícil decir cuánto de nuestro progreso puede atribuirse a la semana laboral de cuatro días", admite, "pero fue un éxito que no puede negarse".

PRÁCTICAS PIONERAS DE TODO EL MUNDO

El ministerio belga, el bufete holandés BvdV y VERSA son grandes ejemplos de organizaciones vanguardistas que se organizan con libertad y confianza. Reemplazan las anticuadas teorías de gestión con nuevas ideas, se liberan de reglas y controles, y respetan a sus empleados. Y cosechan maravillosas recompensas.

Advertencia: Esto no significa que todo el mundo haga lo que quiera. Cuando nadie está preocupado por las horas que trabajas, y solo ve tus resultados, tú debes cumplir. Cuando los mecanismos de control se eliminan, no puedes esconderte detrás de las reglas. Tendrás que usar tu propio juicio. Los pioneros quieren que uses plenamente tu cerebro y trabajes de forma autónoma. La gestión tradicional es reemplazada por el sentido común y una agenda compasiva e inclusiva. Tenemos algunas ideas para inspirarte...

NIVEL. 1 DISEÑA TU PROPIO LUGAR DE TRABAJO

Capacita a los empleados: dales la libertad de diseñar y decorar. Es una forma sencilla de proporcionar el primer nivel de autonomía. Déjalos decidir lo que necesitan; a menudo esto derivará en una variedad de espacios: lugares silenciosos, salas de reuniones, y un lugar cómodo para la relajación. Piensa en el equipo de informática del ministerio belga. Algunos necesitan un espacio abierto, otros prefieren una oficina sin ventanas. Siempre que la elección recaiga en los empleados, estás haciendo lo correcto.

No es noticia
de última hora
que las compañías
tradicionales son
como osos que tomaron
sedantes cuando
se trata de tomar
decisiones. Los procesos
son engorrosos y
llevan a más cuellos
de botella que los
que se encuentran en
una cervecería.

NIVEL 2. TRABAJA CON BASE EN RESULTADOS

Si juzgas a los empleados por los resultados, debes trabajar orientado a los resultados. Cómo establecer y alcanzar objetivos, cómo medir el rendimiento - estas métricas varían. Algunos deciden los objetivos del equipo semanalmente y lo hacen visible en una pared o pizarra - o utilizan una herramienta online, como Trello. Se trata de ser capaz de evaluar el progreso. La forma en que los empleados manejen esto es asunto suyo. Esta forma de trabajar orientada a los resultados es un estímulo para la motivación y asegura que los empleados contribuyan.

NIVEL 3. ELIMINA LOS MECANISMOS DE CONTROL

Tira el reloj de fichar por la ventana del último piso, olvídate de las horas fijas de trabajo, da libertad a tus empleados. Proporciona vacaciones ilimitadas, quema esas gordas carpetas de documentación de políticas, deja de crear reglas para los del tres por ciento, y fomenta el sentido común. Si no confías en tus empleados, ¿por qué los contrataste? ¿Todo sale mal cuando muestras confianza? ¿La gente no se presenta a trabajar? Si es así, tal vez no haya fuego en sus entrañas. Si, por otro lado, nadie está tomando sus vacaciones anuales, tienes otro asunto que resolver (y esto sucede sorprendentemente a menudo). Aborda la causa de los problemas, no los síntomas. Proporciona libertad y confianza y empieza a hacer el verdadero trabajo.

NIVEL 4. REVISIÓN DE LOS PARES

El control y las revisiones de arriba a abajo son estándar en la mayoría de las empresas tradicionales. ¡Basta ya! No le sirve a nadie. Los pioneros muestran que hay otra manera. Deja que los trabajadores sean responsables ante sus colegas, no ante el jefe. Crea un ambiente donde esto sea posible. Aprende a proporcionar una retroalimentación válida y regular. Crea una cultura de transparencia.

NIVEL 5. SALARIOS AUTOASIGNADOS

Los verdaderos radicales permiten a los trabajadores la libertad de determinar su propio nivel de pago. Varias compañías están haciendo esto, y funciona. Tradicionalmente, la fijación de salarios va acompañada de secretos, chismes, política y deshonestidad. El resultado es un consenso a menudo incómodo. En los lugares avanzados, la gente se ve obligada a pensar en el verdadero valor añadido. Saben que después de fijar sus propios objetivos y evaluarse a sí mismos, determinar su propio salario es el siguiente paso.

CAPITULO 6

DESDE LA CENTRALIZACIÓN A LA AUTORIDAD DISTRIBUIDA

A finales de los años 90, el comandante de submarinos de la marina americana David Marquet tomó la decisión de dar el menor número de órdenes posible. Su decisión fue determinante y radical, y siguió adelante tomando solo un pequeño porcentaje de las decisiones a bordo del buque de propulsión nuclear. Uno podría haber esperado que tal movimiento produjera un caos, y un caos potencialmente peligroso. En cambio, se lograron algunos desarrollos fascinantes. El submarino de Marquet se volvió más funcional, con su tripulación funcionando mejor que nunca. Pocos habrían esperado que una delegación de autoridad tan radical tuviera éxito dentro de la rígida jerarquía de los militares, o que incluso fuera posible. ¿Cómo lo consiguió el comandante y qué podemos aprender de ello? Es hora de una investigación de los Corporate Rebels.

Cuando nos pusimos en contacto con Marquet, nos informó que pronto compartiría su historia en una convención danesa. No nos llevó mucho tiempo decidir que íbamos a acompañarlo y, una vez más, nos encontramos en un avión, esta vez con destino a Copenhague. El plan era matar varios pájaros de un tiro y usar el viaje para llevar a cabo otras investigaciones de la Bucket List. Pasaríamos algún tiempo con Alexander Kjerulf, autor de Happy Hour is 9-to-5, y Lars Kolind, el antiguo director general del fabricante de audífonos Oticon. Kolind es otro pionero destacado que rompió con la tradición en lugar de trabajo.

CLAVES DEL SUBMARINO

Llegamos a Copenhague en un soleado día de primavera. Rápidamente vemos a Marquet, vestido casualmente con jeans, camisa azul y chaqueta negra. No es exactamente el código de vestimenta que hubiéramos esperado de un excomandante de la marina, pero la intensidad de su mirada te hace saber que estás tratando con un militar y un marinero. En el escenario del evento, Marquet comparte su enfoque especial -descrito en su libro autobiográfico- *¡Cambia el barco de rumbo!: Una historia real sobre cómo transformar a seguidores en líderes*. Durante la presentación, y más tarde en la conversación, deja claro que su avance nació (como tantas veces) de la necesidad, y no de un cuento de sol y arco iris.

"Cuando era joven, decidí que iba a ser el capitán de un submarino nuclear", comienza, "y terminé siendo el capitán de... un submarino nuclear". Me ordenaron tomar el mando del USS Olympia, con 135 almas a bordo, un barco capaz de permanecer en el mar durante meses." Pero antes de que le dieran las llaves, por así decirlo, tuvo que tomarse un año para aprender los detalles del barco. "Estaba emocionado por tomar el mando, y quería tener un gran barco. Todo lo que podía pensar durante ese año era que quería ser capaz de dar grandes órdenes a mi tripulación. Pensé que si daba buenas instrucciones, tendría un buen submarino. Si daba muy buenas instrucciones, un muy buen submarino. Y si daba grandes instrucciones, tendría un gran submarino. Después de todo, ¿no es eso lo que hacen los capitanes de submarinos?"

Una vez terminados los estudios, David Marquet se sintió bien preparado y no veía el momento. Luego recibió una llamada telefónica de sus superiores. "El plan había cambiado. Una semana antes de que yo tomara el mando, la Marina dijo: 'No irás al USS Olympia. Vas a ir al USS Santa Fe". El anterior capitán había renunciado. Estaba harto". Así que aquí estaba nuestro comandante, que sabía todo sobre el Olympia… y casi nada sobre el Santa Fe. Lo poco que sabía no le inspiraba. El Olympia era uno de los mejores barcos de la flota. El Santa Fe, por otro lado, era el patito feo de la Marina de los EE.UU., usado como un caso de estudio sobre cómo no hacer las cosas. "El Santa Fe era el submarino del que todos nos reíamos", dice Marquet. "Era el de peor rendimiento, con la moral más baja y el índice de retención más bajo de cualquier submarino. El año anterior a que tomara el mando, de los 135 miembros de la tripulación, solo tres se habían vuelto a alistar.

"No estaba contento. Estaba petrificado, porque estaba entrenado para el Olympia y el Santa Fe era un submarino muy diferente. Mis conocimientos técnicos no se iban a aplicar necesariamente. Traté de imaginarme a mí mismo a bordo del Santa Fe dando todas esas grandes instrucciones. ¿Cómo iba a hacerlo si no sabía nada del barco?" Cuando pisó por primera vez el Santa Fe, era obvio que la moral de la tripulación estaba en un punto bajo. "Soy el nuevo jefe y estoy caminando sobre él", recuerda. "Los pasillos son estrechos, como en un avión. Me encuentro con la gente y le digo: '¿Cómo estás?'. Y eran como zombis. Les habían dado una paliza porque habían cometido errores. Les habían quitado el control, y cometieron más errores. La tripulación pensaba: "Por favor, déjame acabar con esto cuanto antes".

El nuevo comandante tenía sus propias preocupaciones. "Recuerden, me acababan de enviar al submarino de peor rendimiento, y tenía una inspección en camino. "Iba a estar en el mar durante una semana, íbamos a disparar torpedos, iba a haber un grupo de oficiales superiores vigilando cada movimiento. Le dije a mi tripulación que estudiara el libro, que estudiara el libro, que estudiara el libro. Con tan poco tiempo, teníamos mucho que hacer". Mientras estaba en la sala de máquinas, Marquet notó una bomba en medio de la cubierta. No había nadie a la vista. "Esa bomba tenía que estar instalada y funcionando. Encontré al jefe del departamento de máquinas y le pregunté: '¿Qué está pasando? ¿Por qué no se está arreglando esa bomba? Dijo: 'Bueno, Capitán, ellos no ordenaron la pieza correcta'. Le pregunté: '¿Ellos? ¿Quiénes son ellos? Él respondió: 'El departamento de suministros'.

"Ahora, en un submarino, el jefe del departamento de suministros duerme directamente encima del jefe del departamento de maquinaria". Era un ejemplo de libro de texto de hasta qué punto puede llevar la toma de decisiones centralizada. Los empleados dejan de usar su sentido común y simplemente esperan órdenes. No es particularmente sorprendente ver esto en la Marina. Se espera que la tripulación lleve a cabo las órdenes, no que las cuestione. Esto no se aplica solo a los militares. La mayoría de las organizaciones tradicionales operan a través de un proceso de toma de decisiones centralizado, con el poder principalmente en manos de la élite. Cuanto más alto en la pirámide estás, más influencia tienes. Las decisiones fluyen a través de las capas con la esperanza de que los empleados lleven a cabo las órdenes con la mayor precisión posible, estén o no de acuerdo con ellas. Si los empleados tienen ideas, buscarán la aprobación antes de tomar cualquier acción.

Hace un siglo, la centralización de la toma de decisiones era una buena idea. Era la forma de coordinar los asuntos, de asegurar que los responsables estuvieran bien informados y que las decisiones encajaran con la estrategia. Era sensato en un mundo que no cambiaba. Los niveles de educación eran más bajos, las políticas más pragmáticas y lineales. Pero esos días han quedado atrás. Hoy en día, los empleados suelen tener una buena formación educativa, y son capaces de adaptarse. Ya no es aceptable sentarse a esperar que alguien "de arriba" tome la decisión. La centralización simplemente no encaja con las formas y circunstancias modernas.

Esto es algo que experimentamos frecuentemente antes del nacimiento de los Corporate Rebels. Aquí hay un ejemplo doloroso: Cuando se hace una propuesta para clientes importantes, hay que recoger las firmas. El primer paso era visitar a todos los gerentes que tenían que firmar. Las preguntas planteadas por ellos no estaban relacionadas con el contenido; este era un ejercicio para cuidarse las espaldas. Nadie tenía ni idea de lo que estaba pasando en la primera línea. Los cheques eran escritos por los que estaban en la torre de marfil. El primer firmante llevaba la mayor parte de la responsabilidad en virtud de su origen. Si algo salía mal, esa persona tenía la culpa. Era un gran alivio tan pronto como se obtenía la primera firma, y el proceso continuaba. La responsabilidad, la propiedad y el espíritu empresarial eran irrelevantes. Los que estaban en la cima tenían una responsabilidad por asuntos que ellos desconocían.

El resultado de la toma de decisiones centralizada es la frustración, la falta de voluntad de asumir la responsabilidad, la inercia, las malas elecciones y la "coordinación" interminable. Esta frustración es soportada por todos. Hacer que todo lo que haces sea verificado, aprobado y firmado significa que en algún punto de la línea el sistema está roto. No es exactamente una noticia de última hora que las empresas tradicionales son como osos sedados en lo relativo a la toma de decisiones. Los procesos son engorrosos y conducen a más cuellos de botella de los que encontrarías en una cervecería. Los estudios muestran que los retrasos en la toma de decisiones hacen que un tercio de los productos se entreguen tarde o incompletos 32. Una buena cantidad de tiempo en el trabajo se pasa esperando. Si toda esta espera produjera grandes resultados, no sería tan malo. Pero no es así.

Las empresas tradicionales no solo son lentas en la toma de decisiones, sino que también son malas en ello. Una encuesta realizada por McKinsey reveló que el 72% de los altos ejecutivos consideraban que las malas decisiones se tomaban con la misma frecuencia que las buenas o que eran "la norma predominante" 33. Ouch.

VIVIENDO EN EL PASADO

A menudo vivimos en el pasado, con estructuras y procesos que fueron diseñados para un mundo que ya no existe. Es como jugar al último juego de Rockstar en un Nokia 3310. Esta es la razón por la que los pioneros delegan. Imagina cómo se sentiría ser autónomo. Aumentaría tu compromiso. Si las empresas trataran a sus empleados como adultos responsables, ¿cómo sería el lugar de trabajo? Esas preguntas fueron respondidas para nosotros, en Copenhague, por David Marquet. "Nos preparábamos para la inspección", continúa Marquet. "Ahora recuerden, aunque fui entrenado para el otro submarino, estaba familiarizado con dar órdenes e instrucciones. Eso es lo que hacen los capitanes. Yo daría una orden, —bueno, más bien una sugerencia—, al oficial de cubierta. Entonces uno de los marineros junior, la persona que se suponía que haría el trabajo, diría: "No podemos hacer eso". En este submarino, a diferencia de todos los otros en los que había estado, parecía imposible que alguien pudiera llevar a cabo una orden. Simplemente no tenía ningún sentido".

Una vez a bordo, la tripulación aceptaba las órdenes sin cuestionarlas, aunque no se pudieran cumplir. Marquet sabía que el cambio tenía que llegar, y rápidamente. Pero también sabía que como oficial al mando, era parte del problema. Vio que tenía que alterar el estilo de liderazgo de arriba hacia abajo. En lugar de dar más órdenes "imposibles", comenzó a recorrer su submarino y a interrogar a la tripulación sobre cualquier cosa y todo. ¿Qué harías si estuvieras en mi lugar? ¿Qué funciona bien en el Santa Fe? ¿Cuáles son sus mayores frustraciones? ¿Por qué el submarino funciona tan mal? ¿Qué espera que cambie? ¿Qué cosas quieres que sigan siendo las mismas? ¿Qué es lo mejor que puedo hacer por ti? ¿Cómo puedo ayudarte a mejorar tu rendimiento? 31

Marquet descubrió lo bueno y lo malo. Pronto supo que la vieja forma de hacer las cosas era frustrante. Su nuevo enfoque era al estilo de Ari Weinzweig en Ann Arbor, sirviendo agua a los huéspedes en su restaurante para: gestionar caminando. Este es un término pensado por el gurú americano de la gestión Tom Peters. Peters, también uno de los pioneros de la Bucket List, nos iluminó. Lo más importante de estos asuntos al azar, nos dijo Peters, es la espontaneidad.

Cuando escribimos sobre el "Iceberg de la ignorancia" 36, ese post se hizo viral. Esta leyenda se originó (se dice) en 1989, cuando el consultor Sidney Yoshida hizo un estudio sobre los hábitos de liderazgo del fabricante de coches japonés, Calsonic. Yoshida descubrió una mala distribución del poder y de la información. Específicamente, el conocimiento de los problemas de primera línea declinaba cuanto más subía en la cadena de gestión. Encontró que aunque todos esos problemas eran conocidos por los empleados de primera línea, solo el 74% de los líderes de equipo, el 9% de los mandos intermedios y el 4% de los altos mandos eran conscientes de ellos. Si los números de Yoshida son exactos y relevantes hoy en día es discutible, pero con un comportamiento inexplicable en el lugar de trabajo, habrá lugar para esta especulación. El Iceberg es una fina analogía del miserable estado del lugar de trabajo moderno. En los buenos tiempos, esta situación puede no ser crucial. Pero en los malos tiempos, los líderes necesitan información urgente y precisa para sobrevivir. Es entonces cuando los roles se invierten repentinamente. Los líderes con bajo estatus y confianza pueden terminar sintiéndose como Julio César en los Idus de Marzo. Terminarán teniendo que resolver solos sus problemas. Obviamente, es imposible que incluso el equipo de liderazgo más heroico resuelva todos los problemas, especialmente si solo son conscientes de la punta del iceberg.

El problema no solo ocurre de arriba a abajo. Los retos conocidos por la alta dirección son a menudo mal entendidos por el personal de primera línea —los ingredientes perfectos para la mala comunicación, los malentendidos y los juicios erróneos. Durante su fase de gestión, el comandante preguntaba a los miembros de la tripulación cuál era su tarea específica. "Lo que me digan que haga" era la respuesta más común. Eso lo dice todo. Esto no solo caracterizó la mentalidad de oveja de la tripulación, sino que también puso de relieve el mayor peligro potencial de las culturas tradicionales del lugar de trabajo. De los 135 miembros de la tripulación de Marquet, únicamente cinco -todos oficiales- sabían algo del trabajo que había que hacer. Los demás solo seguían órdenes y tenían sus cerebros a la espera. "Cuanto más tomamos el control, menos piensa la gente", dice. "Como fui entrenado para otro submarino, realmente necesitaba que mi gente pensara. Tenía que dejar de tomar el control. Dije: 'Mira, no voy a dar más órdenes, porque cuando doy una orden, la sigues. Si doy una orden equivocada, todos vamos a morir". Cambió toda la cultura. Pasamos de una persona que les decía a 134 personas qué hacer, a 135 personas -creativas, proactivas- que pensaban activamente".

La tripulación fue recompensada con más control. Marquet aumentó la motivación y disminuyó la burocracia. Ya no repartió tareas específicas, sino que proporcionó directrices. Se aseguró de que los oficiales crearan listas de tareas. Resolvió solo hacer preguntas que alumbraran cómo los miembros de la tripulación podían resolver sus propios problemas. Marquet decidió construir sobre esto, y paso a paso liberó al USS Santa Fe de los mecanismos de control y del estilo de liderazgo directivo tan típico de la Marina. Abolió el control de arriba hacia abajo y delegó la toma de decisiones tanto como fue posible. "No lleve la información a la autoridad, lleve la autoridad a la información", escribió en *Cambia el Barco de Rumbo.*

Después de sus primeras tres semanas en el Santa Fe, llegó la hora de la temida inspección. "Abordaron el submarino y ... de repente todas estas cosas extrañas sucedieron. Los ejercicios salieron bien. La gente pensaba por sí misma, no esperaba que le dijeran qué hacer. Cargaron bien el torpedo. No cometimos los errores habituales. Era como si todos se hubieran vuelto, de alguna manera, más inteligentes. No podía entenderlo; hace exactamente 21 días que subí a bordo.

"Mi jefe dijo: 'Es un nuevo submarino'. Nos dio una calificación que nos llevó desde el fondo de la flota hasta la mitad de la clasificación. Fue asombroso. Les dije a los oficiales que no iba a tener el control y les di autoridad. Empezaron a entender que estábamos en esto como un equipo. Lo que hicimos fue hacer a la gente más feliz. No había manera de que pudiéramos aprender lo que necesitábamos saber en tan poco tiempo. Pero puedes hacer más feliz a la gente en ese tiempo. Cuando la gente es más feliz, no solo actúa más inteligentemente, sino que es más inteligente. Hicimos feliz a la gente primero y el desempeño vino después".

Esta es una historia americana, así que ahora necesitamos un final feliz. En un año, el USS Santa Fe pasó de ser el submarino de peor rendimiento de la flota a ser el mejor. La parte más feliz de este final feliz es que la influencia de Marquet siguió siendo fuerte, mucho después de que él se fuera. "Sabemos lo que pasa cuando le damos el control a la gente", dice. "Participan, se vuelven apasionados y llenos de energía. Empiezan a usar sus cerebros. Se les ocurren ideas. Al año siguiente no fueron tres marineros los que se alistaron de nuevo, fueron 33. Creamos 10 oficiales comandantes de una tripulación, un número muy desproporcionado".

Ya no es aceptable sentarse a esperar que alguien de arriba tome la decisión. La centralización simplemente no encaja con las formas y circunstancias modernas.

David Marquet demostró que los empleados que toman decisiones importantes tienen un mayor sentido de iniciativa y orgullo. Empiezan a pensar por sí mismos. La gente en el frente sabe cuáles son los problemas, cómo resolverlos y cómo hacer más fácil la vida de los clientes y proveedores. Se hace posible liberar tiempo para los líderes que ya no están creando cuellos de botella.

En las organizaciones tradicionales, vemos dos métodos de toma de decisiones. El primero y el más popular es el estilo directivo de arriba hacia abajo que David Marquet aprendió, y luego aprendió a evadir. Los líderes dominan diciendo a sus equipos cómo implementar las instrucciones. En el otro extremo del espectro está el método de consenso. Ambas opciones son familiares y tienen sus pros y sus contras. Los pioneros se han despedido de estos estereotipos y han adoptado estrategias alternativas. El comandante Marquet demostró cómo el proceso puede ser mejor distribuido sin recurrir a la jerarquía. Y hemos encontrado otras iniciativas interesantes, en las que los líderes sitúan la autoridad de decisión lo más bajo posible.

Para evitar el síndrome del "pantano" y ahogarse en procesos lentos basados en el consenso, muchos pioneros aplican otro enfoque: el proceso de asesoramiento. Nos introdujeron en esta práctica durante una cena con Frederic Laloux, el autor del muy popular (con razón) libro *Reinventar las organizaciones*. Más tarde, vimos el proceso de asesoramiento en acción en la empresa brasileña de TI Vagas, con los desarrolladores británicos de Smarkets, y los procesadores de tomates americanos de Morning Star.

Doug Kirkpatrick y Paul Green Jr, ambos exempleados del Morning Star, nos contaron más sobre esto durante nuestras visitas a la fábrica en Los Gatos, California. "El concepto principal es relativamente simple", dijo Kirkpatrick. "Si se aplica correctamente, es increíblemente efectivo. Permite a todos tener una cierta cantidad de autoridad y tomar decisiones.

"Hay un requisito: antes de que alguien tome una decisión, debe buscar el consejo apropiado. Esto tiene que ser dado por personas que serán afectadas por la decisión, y los que tienen experiencia relevante. Se considerarán las diferentes perspectivas, pero al final depende de la persona que toma la decisión decir lo que se necesita. El consejo es solo un consejo".

No voy a dar más órdenes, porque cuando doy una orden, tú la sigues. Si doy la orden equivocada, todos vamos a morir...

— David Marquet

El proceso deja la responsabilidad en manos de la persona que toma la decisión; no hay necesidad de una figura de autoridad. Esto hace que la estrategia sea eficaz y sólida. Permite a cada empleado desarrollar iniciativas y tomar las riendas sin compromisos frustrantes. Lo más importante es que los empleados asuman la responsabilidad de las decisiones que les afectan.

Se nos invita regularmente a compartir los conocimientos que hemos recogido en conferencias y congresos; frecuentemente se nos invita a visitar empresas para hablar de los pioneros que hemos conocido. Estos son buenos momentos para aprender sobre posibles nuevos destinos de la Bucket List. Los ejemplos verdaderamente radicales siguen siendo esquivos. En Barcelona, donde hicimos una presentación al Consejo de una gran empresa de moda, recibimos un consejo sobre una empresa pionera fresca con un estilo propio.

No será una sorpresa, querido lector, saber que poco después de enterarnos de esto, estábamos sentados en un avión. Y en un frío día de noviembre llegamos a la pequeña ciudad montañosa suiza de Sankt Gallen para visitar la oficina central de la compañía de software de RRHH Haufe-Umantis...

LOS EMPLEADOS LLEVAN LA DIRECCIÓN

La vista es impresionante, un cielo azul brillante y calles nevadas. Estamos disfrutando de una cálida taza de café en el bar de la empresa. El director general es Marc Stoffel, un hombre jovial y entusiasta que es el único director general elegido democráticamente con el que nos hemos encontrado. Tiene una barba de tres días, una camisa azul y unos jeans oscuros. Stoffel nos da el tour por el moderno edificio:

colores brillantes, mucho cristal, y una pared trasera empapelada con fotografías del personal de la empresa. Tomamos nuestros asientos y fuimos al grano.

Empezamos con la fundación de la empresa. "En 2001", comienza Stoffel, "Hermann Arnold decidió fundar Umantis con el objetivo de modificar la forma tradicional de trabajar". Arnold estaba fuertemente influenciado por los ideales democráticos y construyó Umantis en consecuencia. Su mantra: "Los empleados deben dirigir las compañías". Las palabras de Hermann Arnold todavía influyen en el trato de las personas y en la forma en que la empresa hace negocios. "Es nuestra misión permitir a los empleados dirigir lo mejor de sus habilidades." Esta compañía tiene más elementos en común con una micronación democrática que la empresa comercial promedio.

El viaje democrático de descubrimiento llevó a algunos destinos sorprendentes. Cuando Stoffel se unió en 2005, había 20 empleados. "La primera decisión realmente democrática se tomó en 2008", nos dice. La compañía estaba en una situación financiera desesperada. La necesidad parece tan a menudo el catalizador del cambio... Se tuvieron que tomar medidas drásticas. Arnold convocó una reunión de los 70 empleados y explicó la situación. Proporcionó dos opciones que podrían asegurar la supervivencia. O bien empezaba a despedir, o todos podían recibir un recorte salarial. Los gerentes sacrificarían el 30 por ciento de su salario, mientras que a los empleados se les reducirían en un 15 por ciento. Más del 90 por ciento de los trabajadores apoyaron los recortes - y ese es el camino que tomó.

LA SABIDURÍA DE LAS MASAS

Suena más como una tontería de la nueva era que como la antigua sabiduría filosófica griega. El concepto de sabiduría de las masas, sin embargo, se remonta a esa época. Fue Aristóteles quien descubrió que una gran multitud es más inteligente que unos pocos expertos.

En 1906, un investigador llamado Francis Galton sondeó a 800 personas en una feria campestre. Les pidió que estimaran el peso de un buey sacrificado. Galton encontró que el promedio estimado de 1.207 libras era exacto, dentro del uno por ciento 34. Un ejemplo más reciente es Wikipedia. Muchos afirmaron que el sitio no era confiable debido a sus contribuyentes anónimos, pero se demostró que no era así. La revista científica Nature dice que el sitio de acceso abierto es tan preciso como la antigua y muy respetada Enciclopedia Británica 35.

Todos estamos familiarizados con el concepto de la sabiduría de las masas sin darnos cuenta. La mayoría de nosotros lo usamos frecuentemente en nuestra vida privada, como cuando pedimos apoyo en los foros en línea o en los medios sociales. Sin embargo, muchas organizaciones tradicionales lo ignoran. Incluso dan a los de arriba el monopolio de la mayoría de las decisiones. Desafortunadamente, las decisiones se toman sobre la base de sistemas corporativos e informes formales. Esto significa que a menudo se pierden información relevante. Lo que es una pena, porque ignora mucho conocimiento latente.

Las decisiones democráticas funcionaron tan bien para los Haufe-Umantis que hoy en día esto es la norma. Marc Stoffel dice que el proceso colectivo tiene muchos beneficios. "En primer lugar, ofrece a los empleados claridad sobre las decisiones más importantes", nos dice. "Asegura que todos sean conscientes de los acontecimientos clave. Los empleados estudian la situación y hacen preguntas antes de hacer juicios de valor. Debido a que están activamente involucrados, normalmente son capaces de aceptar cualquier resultado. Votamos para seguir una determinada dirección y estamos naturalmente motivados para asegurarnos de que funcione. Este es un buen ejercicio para ver si la gerencia entiende la realidad de la línea de frente".

Ese primer experimento exitoso inspiró a Haufe-Umantis a crear uno nuevo en 2012. Arnold llegó a pensar que ya no era la persona más adecuada para ocupar el puesto de director ejecutivo. La compañía había visto un rápido crecimiento y pensó que era el momento de una nueva mano en el timón. Un director general con un conjunto diferente de cualidades de liderazgo sería más adecuado. Decidió dimitir, y en lugar de nombrar simplemente a un sustituto, se hizo una pregunta fundamental. ¿Por qué los empleados no deberían elegir a su propio líder? Seguro que lo has adivinado", sonrió Stoffel. Herman Arnold convocó otra reunión de personal. Para entonces, la empresa tenía unos 100 empleados. Arnold compartió sus ideas. "Aquí es donde estamos", dijo a los trabajadores, "así que vamos a votar". Y así lo hicieron.

"Fue entonces cuando me convertí en el primer director general democráticamente elegido de Haufe-Umantis", dice Stoffel, "con el 95 por ciento de los votos. No es un mal resultado, ¡si yo mismo lo digo!" El experimento tuvo consecuencias inesperadas para los otros miembros de la junta. "Ellos también querían ser elegidos democráticamente", dice Stoffel. "Les pregunté si estaban seguros, porque sospechaba que algunos serían expulsados." La junta se mantuvo firme. "Esta fue la primera gran limpieza de liderazgo. Les había advertido de las posibles consecuencias, y se convirtió en una amarga realidad para algunos. Un miembro de la junta tenía el 100 por ciento en contra de él. Eso debe haber sido increíblemente doloroso."

Estaba claro: no había lugar para un liderazgo pobre. "El ambiente era tenso", recuerda Stoffel, "y algunos de los antiguos miembros de la junta necesitaban tiempo para reflexionar. Pero me alegra decir que todos los que fueron expulsados o bien siguen en la empresa, o se fueron por otras razones, y sin ningún resentimiento."

Los experimentos muestran la verdadera naturaleza democrática de esta empresa. Esta forma de trabajar es adecuada para las personas involucradas, y dado el tamaño relativamente pequeño de la empresa. "He sido elegido como CEO durante los últimos cuatro años y medio", dice Stoffel, "pero en las últimas elecciones solo recibí el 68 por ciento de los votos, y necesitaba 66". Tendremos que esperar y ver qué nos deparan las próximas elecciones".

PRÁCTICAS PIONERAS DE TODO EL MUNDO

Una característica importante de las organizaciones tradicionales es la autoridad central. Esto implica que la competencia para la toma de decisiones se incrementa dependiendo de la posición de cada quien en la jerarquía, pero la afirmación es un completo disparate. Los pioneros tienden a descentralizarse. La tripulación del USS Santa Fe y los Haufe-Umantis democráticos muestran que la toma de decisiones puede ser repartida en toda la organización, lo que resulta en una mayor productividad y una mejor toma de decisiones.

Muchas organizaciones avanzadas se adaptan continuamente a un entorno de trabajo que cambia rápidamente. Entienden que los procesos de toma de decisiones centralizados hacen que la organización sea lenta. Por eso suelen confiar en los individuos y equipos más cercanos a la línea de frente. Estos empleados conocen mejor a los clientes, proveedores e instalaciones, y deben tomar la mayor parte de las decisiones. La distribución de la autoridad y los procesos de decisión están de moda, pero no se relajen demasiado pronto: la libertad de tomar decisiones va acompañada de la responsabilidad.

Entonces, ¿cómo puedes empezar? Esto es lo que hacen algunos de los pioneros.

NIVEL 1. MAPA DE LA TOMA DE DECISIONES

Los equipos posiblemente no sepan si se les permite tomar cierta decisión. Los líderes pueden tener dificultades para dejar de lado la autoridad. Muchos resuelven esto con un simple primer paso. Hacen un mapa de la situación actual y proporcionan una visión general de quién hace qué. Si no complicas demasiado las cosas, esto se puede hacer en una sola mañana. No te preocupes por las complicaciones que puedan surgir, solo enfócate en lo básico. El resto fluirá.

¿Cómo hacen esto como equipo? Simple: reunir a tus colegas y aclarar quién toma qué decisiones. Discutan si esto tiene sentido. Vemos las siguientes divisiones dentro de muchas empresas avanzadas:

> Decisiones simples: simplemente hazlo. Los pioneros creen que es mejor pedir perdón que permiso

> Decisiones medianas y grandes: Proceso de asesoramiento.

Asegúrate de que esta visión general de la toma de decisiones sea visible después, para que todos sepan dónde están. ¡Queremos evitar un mayor caos!

NIVEL 2. CAMBIAR EL IDIOMA

David Marquet en el USS Santa Fe cambió el lenguaje de la organización y demostró que puede ser un paso poderoso hacia la toma de decisiones distribuidas. Intenta sustituir las frases pasivas por otras que impliquen iniciativa y propiedad.

Los gerentes también pueden cambiar su lenguaje. En lugar de dar respuestas, deberían hacer preguntas. Cuando los empleados piden permiso o aprobación, simplemente pregunte "¿Qué propones?". Una forma genial y sencilla de distribuir la toma de decisiones.

NIVEL 3. EMPUJA LA AUTORIDAD HACIA ABAJO

Una vez que esté claro quién toma las decisiones, es hora de distribuir la autoridad en la cadena de mando. Asegúrate de que todos busquen prácticas que retengan a la gente. Busquen los mecanismos engorrosos que mantienen la cultura de mando y control en su lugar. Por ejemplo: gerentes que tienen que aprobar los gastos de viaje o aprobar el trabajo desde casa. También pueden seguir los pasos de otra de las mejores prácticas de David Marquet (que adaptamos ligeramente):

> Siéntense con su equipo y hagan un mapa de la toma de decisiones (ver punto 1)

> Los líderes de equipo identifican las decisiones que quieren tomar por sí mismos.

> Dejen que los líderes expresen cualquier preocupación. Si sienten que algunas personas no pueden o no deben tomar ciertas decisiones, este es el momento de decir por qué.

> Juntos alivien las preocupaciones tanto como sea posible. Entrenar, educar o informar a las personas para que puedan tomar las decisiones. Se trata de empujar la toma de decisiones hacia abajo.

El primer paso para cambiar el código genético de cualquier organización o sistema es delegar el control, o la autoridad de la toma de decisiones, tanto como sea conveniente, y luego añadir un poco más. Esto no es un programa de empoderamiento. Es cambiar la forma en que la organización controla las decisiones de forma duradera y personal.

NIVEL 4. PRE - APROBACIÓN

Henry Stewart, director general de la oficina de formación británica Happy, nos presentó otra idea interesante: la pre-aprobación. Un líder o gerente aprueba algo por adelantado, antes de que el empleado haya tomado una decisión o encontrado una solución. La aprobación se da con una condición: respetar los límites predefinidos. ¿Cuál es la cantidad máxima de dinero que se puede gastar? ¿Cuáles son los requisitos mínimos? ¿Cuánto tiempo se permite? Este proceso permite a los empleados tomar sus propias decisiones. Todo lo que se les ocurra se pondrá en práctica.

NIVEL. 5 PROCESO DE ASESORAMIENTO

Esta es una forma muy radical de distribuir la autoridad para la toma de decisiones. Proporciona una alternativa al consenso lento y es algo que hemos visto en muchas organizaciones. Así es como se ve:

> Alguien toma la iniciativa para resolver un problema o aprovechar una oportunidad.

> Propone una decisión, con o sin la aportación de sus colegas.

> El que toma la decisión busca el consejo de personas directamente involucradas y/o colegas más experimentados.

> Este consejo puede ser escuchado o ignorado. La persona que toma la decisión tiene la última palabra.

> El que toma la decisión se asegura de que todos los involucrados estén informados sobre el consejo recibido y la decisión final.

Estos pasos muestran claramente que el proceso no trata de llegar a un consenso. No todos tienen que estar de acuerdo, no todas las fuentes tienen que ser tomadas en cuenta. El responsable de la toma de decisiones debe recibir suficiente asesoramiento para tomar una decisión informada.

Suena más como
la nueva-era,
la antigua
El concepto
las masas,
se remonta

una tontería de

que como

sabiduría griega.

de sabiduría de

sin embargo,

a esa época.

CAPITULO 7

DESDE EL SECRETO A LA TRANSPARENCIA RADICAL

Desde el principio, hemos tratado de entrar por la puerta del famoso pionero Ricardo Semler. Autor del *bestseller Maverick!*, Semler era una de nuestras mayores fuentes de inspiración, y el número uno de la Bucket List que compilamos allá por 2015 en Barcelona. Desafortunadamente, esa fue la parte fácil; hablar cara a cara con Ricardo Semler no fue pan comido. Organizar visitas a compañías como Google y Haier no fue fácil, pero conocer al empresario brasileño está a la par de conseguir una cita para tomar un café con Barack Obama. Durante mucho tiempo, nuestras técnicas de acecho parecían no llevarnos a ninguna parte, pero luego, en el verano de 2018, tuvimos éxito. Con gran entusiasmo, viajamos a la hermosa ciudad de Sao Paulo, alquilamos un vehículo de tracción de cuatro ruedas, y nos fuimos de gira por Semco...

Nuestro primer puerto de escala es una de las fábricas de Semco en el pequeño pueblo de Itatiba, justo al norte de la metrópoli. Esta área solía ser selva tropical, pero la expansión urbana ha ganado. Nos ha llevado una hora llegar aquí, navegando por favelas, carreteras secundarias y colinas. Hemos leído mucho sobre esta fábrica y, al entrar en el terreno, está claro que no nos decepcionará. Somos bienvenidos en una colorida área de relajación donde los empleados descansan en hamacas; ninguna pared interrumpe las vistas de las laderas boscosas. Estamos aquí para averiguar qué ha sido de Semco en los últimos 30 años desde la publicación del *bestseller* de Semler. Sabemos quiénes son las figuras claves que aparecieron en esa historia, incluyendo al exdirector de RRHH Clovis Bojikian. Pero esto comienza, por supuesto, con el propio Ricardo Semler.

Nos encontramos con Semler en un hotel del centro de la ciudad y conocemos cómo transformó la compañía no una vez, sino dos veces, para convertirla en uno de los negocios más avanzados del mundo. "Para mí, todo comenzó en 1980 cuando tenía 21 años y era estudiante de derecho", nos dice. "No había planeado hacerme cargo de la empresa de mi padre, tenía otras ambiciones, pero cuando se presentó la oportunidad, decidí aprovecharla." Antonio Curt Semler, el padre de Ricardo, era un ingeniero emigrante de Austria que estableció el negocio en 1953. En el momento de la toma de posesión de Ricardo, cuando producían bombas hidráulicas como la principal exportación, Antonio Semler lideró de forma tradicional. No había nada inusual en la operación o administración de Semco durante su tiempo al mando. Era jerárquica y burocrática, y demostraba poca confianza en sus empleados.

"Justo después de asumir el mando," dice Ricardo, "mi papá me dijo: 'Estaré fuera las próximas dos o tres semanas. Cualquier cambio que quieras debe ser implementado mientras no esté.' Acepté el reto e hice una lista de los 15 mejores gerentes. Era un viernes; hice citas, y al final del día, la mitad de ellos habían sido despedidos." Desafortunadamente, como Semler descubriría, algunos de esos gerentes eran los guardianes de los secretos de la compañía. "La consecuencia fue que pasamos mucho tiempo buscando los tratos especiales que los gerentes habían hecho con los clientes, y tuvimos que bucear en los archivos. Pero no me arrepiento de mi decisión ni por un momento. Nos separamos de las personas que estaban decididas a mantener todo para sí mismos. No sabía si íbamos a sobrevivir, pero teníamos que intentarlo". Semler no es tímido en el ensayo y error, y así es como condujo su búsqueda.

No siguió la ruta más progresista. La transformación que siguió a la ola de despidos fue todo un proceso de "profesionalización". (Cuidado con este término. Aunque suena sensato, a menudo significa control, reglas y burocracia.) Se implementaron docenas de nuevos procedimientos en los primeros dos años, y se concibieron e imprimieron nuevos formularios casi todos los días. Todo fue revisado y vuelto a revisar. Los vendedores estaban obligados a crear informes después de cada visita, los empleados eran registrados al azar y se les hacía llevar tarjetas de identidad. Fue un arranque en falso.

El personal estaba escéptico de este nuevo enfoque autoritario, y la atmósfera resultante golpeó la autoestima de Semler. Era muy consciente de la falta de participación y compromiso del personal. Después de tres años de profesionalización, decidió que ya era suficiente... y contrató al director de RRHH, Clovis Bojikian. Es aquí donde la historia dio un giro radical.

CONOCIENDO AL "MOSTACHO"

Nos encontramos con Bojikian y su esposa en su moderno apartamento en Sao Paulo, el día después de nuestra conversación con Semler. La procedencia de su apodo -"El mostacho"- es inmediatamente clara.

Clovis tiene un fino bigote blanco que Friedrich Nietzsche hubiera envidiado. Detrás del llamativo vello facial, encontramos a un amable caballero. Se sienta, y sus primeras palabras marcan el tono: "Ya han hablado antes con gente brillante e inspiradora. Ahora, conozcan a la gente real".

Bojikian y Semler jugarían un papel fundamental en la creación de uno de los lugares de trabajo más inusuales del mundo: Ricardo, como propietario visionario, Clovis, como director pragmático de RRHH. Su trabajo era convertir ideas salvajes y conceptos controvertidos en realidad práctica. Nos sentamos y comenzamos a disparar preguntas. Aprendemos sobre la época de Bojikian antes de Semco, cuando experimentó -con resultados mixtos- con formas alternativas de trabajo. Recordar el proceso parece ser una experiencia agradable para él mientras se sumerge en el modo de contador de historias.

"Cuando llegué para mi entrevista, un joven apareció y me llevó a una sala de reuniones. Pensé que era uno de los internos de Semco. Después de que tomé mi asiento, siguió hablando. Me di cuenta de que no era un interno. Era el hombre con el que había venido a reunirme: el dueño del lugar." No necesitó mucho tiempo para superar los prejuicios sobre la juventud de Semler. Pasaron horas planeando y soñando con cómo organizar mejor el trabajo en Semco; se volvieron a encontrar al día siguiente. Clovis fue contratado en algún momento entre estas discusiones fluidas, y se sumergió de lleno. Estaba tan emocionado que le tomó una semana darse cuenta de que una cosa que no había discutido con Semler era su salario. Eso se resolvió rápidamente, y el trabajo comenzó en serio.

Tener a Bojikian a bordo facilitó un cambio crucial. A la visión y el vigor de Ricardo, él trajo experiencia y pragmatismo. Estuvieron de acuerdo en que era tiempo de dejar de controlar y regular a todos y enfocarse en la libertad, la confianza y la apertura. El negocio sería dirigido de

Las personas son adultos responsables en casa. ¿Por qué de repente los transformamos en adolescentes sin libertad cuando llegan al lugar de trabajo?

una manera más natural y compasiva. Cuanto más hablaban, más se hacía evidente que nada menos que una revisión completa lograría el cambio. Esta vez no había un plan predefinido.

"Un problema al que nos enfrentamos fue que en 1984 y 1985 adquirimos cuatro pequeñas empresas que estaban aún menos motivadas que la nuestra." Con 800 empleados, la mayoría operarios de máquinas en cinco fábricas, no se tardó mucho en encontrar una correlación entre la participación y la motivación. Pero no había consultores, ni libros sobre cómo hacer funcionar una transformación tan radical. "La única manera de avanzar era a través de la experimentación. La pregunta principal era: ¿Cómo podríamos mejorar la vida diaria de nuestros operadores? Pero no íbamos a dar todas las respuestas. Queríamos que participaran, que fueran dueños del problema y de la solución."

El primer punto a tratar fue un asunto aparentemente trivial. El tema se centraba en uno de los platos más famosos de Brasil - un guiso de frijoles llamado *feijoada*. La gente se quejaba de cómo se preparaba en el comedor: los frijoles eran demasiado duros o demasiado blandos. Todo el mundo tenía algo que decir. Dependía de RRHH encontrar una solución. "Fuera lo que fuera que propusiéramos, seguiría habiendo quejas", dice, "así que se lo devolvimos y preguntamos: "¿Qué sugieren?" Cuando se les ocurrió una idea, preguntamos: "¿Es esto viable? ¿Lo discutiste con el personal de la cocina?" No lo habían hecho, así que los enviamos a hablar con los cocineros; la propuesta fue ajustada y presentada de nuevo. "Genial", dijimos, "adelante y háganlo". "Y por cierto: ustedes son la comisión del comedor ahora. Tendremos elecciones todos los años". Funcionó de maravilla. Las quejas cesaron una vez que la gente se hizo cargo del problema. "Que la consistencia de los frijoles no nos pareciese importante, no significaba que no lo fuese para los trabajadores." El episodio fue una experiencia de aprendizaje, un punto de inflexión en la transformación de Semco.

Otro asunto menor tuvo que ver con los uniformes de la compañía. Algunos trabajadores no querían uno; la mayoría sí, pero no podían decidir el estilo o el color. Una vez más, RRHH creó una comisión de trabajadores. A la pregunta "¿quieres uniformes?", la mayoría votó "sí". La siguiente pregunta fue: "¿Qué color?" No había un ganador claro. La comisión de trabajadores añadió un paso al proceso y eligió los dos colores más populares, y luego realizó otra ronda de votación. La recompensa fue una mayoría del 79% a favor del azul petróleo (inteligente pero bueno para disimular la mayoría de las manchas en el lugar de trabajo). Otra causa de irritación que fue eliminada de forma definitiva. "Una vez más, fue un cambio pequeño pero significativo. Lo mejor fue que los empleados decidieron. Podías sentir que los niveles de confianza y responsabilidad aumentaban. La gente estaba feliz".

Otro tema candente fue el de las vacaciones anuales. La dirección solía organizar "días puente"; si había un día festivo el jueves, la empresa daba a los empleados el viernes libre también, y luego lo compensaba con un sábado laboral más tarde. Esto era impopular. "*Deixa com nois*" (Déjalo a nosotros), decía la tercera comisión de trabajadores de Semco que se creaba. La solución fue un plan de seis años para todas las vacaciones, días de puente y días de compensación. Puede que no haya gustado a todo el mundo, pero tan pronto como se puso en práctica, las quejas cesaron.

Lo siguiente en la línea de fuego fue el reglamento. Comenzaron a eliminar los procedimientos establecidos, los símbolos de estatus y los privilegios. Esto aseguró que el poder fuera transferido a los empleados. Comenzó con cosas simbólicas como la prohibición del reloj de fichar y los espacios de estacionamiento personal. Cada pequeño ajuste parecía ayudar, y el sentimiento de confianza aumentaba. "Los empleados se sorprendieron de que Semco parecía escucharlos. Esta era nuestra oportunidad de explicar por qué estábamos transformando el negocio. Les dijimos a los trabajadores que queríamos asegurarnos de que todos disfrutaran de su trabajo, que queríamos hacer un mejor negocio y que queríamos ganar más dinero. Cuando los empleados vieron que compartíamos nuestra visión, nos trajeron sugerencias. Era hora de dar los grandes pasos hacia un lugar de trabajo verdaderamente humano".

Se hizo evidente que el paradigma jerárquico estaba afectando la motivación. Semler y Bojikian querían inspiración de las empresas que se habían enfrentado a situaciones similares. Enviaron a uno de sus empleados, Joao Vendramin, en busca de organizaciones inspiradoras. Se fue con su propia Bucket List. Visitó Volvo en Suecia, WL Gore en América, y Toyota y Kyocera en Japón.

Llegó a la conclusión de que la única solución era desmantelar la pirámide y crear una red de equipos. Los empleados debían entender lo que estaba sucediendo en sus departamentos, y cómo podían contribuir. Las fábricas se dividieron en unidades independientes, lo suficientemente pequeñas para que los empleados se llamaran por su nombre de pila. El plan de Joao fue apodado Amoeba, por el modelo de gestión del que fue pionera Kyocera. Esto requiere partes más pequeñas, las "amebas", en línea con la estructura de la red de equipos. Cada ameba tenía un máximo de 50 empleados y operaba de forma independiente. Algunas se vieron obligadas a trasladarse a otras fábricas. Estas unidades seguían teniendo gerentes, pero podían funcionar según las preferencias de los equipos. Se decidió que la oficina central debía reducirse en un 75 por ciento y los empleados corporativos de los departamentos de recursos humanos y de finanzas proporcionaban apoyo solo cuando se les pedía. A pesar de los costes, siguieron adelante. Su decisión no se basó en proyecciones, sino en la intuición y la confianza.

Había llegado el momento de dar el siguiente paso: la difusión de la información. Se celebraron reuniones semanales en las que ningún tema era tabú.

Hablaban de finanzas, nuevos productos y contrataciones y despidos, mientras se aseguraban de que los empleados se involucraban cada vez más en el negocio. "Fue maravilloso", dice Bojikian. "El personal empezó a involucrarse en todo tipo de asuntos. Sus ideas y su participación crearon un sentimiento de unidad." Cada día comenzaba con una breve reunión. Las pizarras mostraban la situación financiera y general de las unidades, y el personal podía juzgar su propio desempeño. El razonamiento de Ricardo Semler era claro: "Nadie puede esperar que alguien se involucre completamente si no tiene acceso a toda la información".

"Y sí, estoy familiarizado con los argumentos en contra de esto. Se me advirtió que durante los buenos tiempos, nuestros empleados usarían los números para pedir un aumento de sueldo - y temerían por sus trabajos cuando las cosas fueran difíciles. Tal vez los secretos de la empresa se filtrarían a nuestra competencia. Todo eso era posible, pero los beneficios de una fuerza de trabajo abierta, sincera y honesta superaban los riesgos. Estamos convencidos de que las empresas que no comparten información pierden la solidaridad".

Si se mantiene a la gente en la oscuridad, tienden a asumir lo peor. Los chismes se vuelven especialmente frecuentes cuando se trata de asuntos financieros. La verdad no siempre va a ser agradable, o fácil de explicar, pero la honestidad y la franqueza son vitales. Cada empleado de Semco recibía un balance mensual, una cuenta de pérdidas y ganancias y un estado de flujo de caja de su unidad, después de recibir formación financiera rudimentaria, para apreciar la información.

Había más que hacer. "Decidimos cambiar el proceso de evaluación del personal, con los empleados revisando a los gerentes en lugar de al revés." Dos veces al año, los empleados tenían la oportunidad de dar su opinión a través de un completo -y anónimo- cuestionario. Cada líder recibía una puntuación de 0 a 100, por lo que sabían en qué posición se encontraban. Los líderes que obtuvieron una mala puntuación no fueron despedidos automáticamente, pero hubo presión para que se ajustaran. "El hallazgo más importante fue que la mejora visible comienza con una conversación del equipo."

El siguiente paso era obvio. Si los empleados podían revisar a sus gerentes, ¿por qué no deberían seleccionarlos? Y eso fue lo que pasó. "Cada vez que hacíamos progresos, pensábamos en un nuevo experimento. Queríamos buscar más formas de mantener a nuestros empleados contentos y fortalecer el negocio."

Era hora de más experimentación, entonces. A los equipos se les dio la libertad de decorar sus lugares de trabajo, lo que dio lugar a fábricas coloridas. Y establecieron sus propios objetivos, que se volvieron más ambiciosos, aunque con más probabilidades de ser alcanzados, que los impuestos por la dirección. Los horarios de trabajo flexibles se convirtieron en la norma. Durante nuestra visita, Rafael, uno de los trabajadores de la fábrica de Itatiba, empezó un día tarde porque necesitaba llevar a su hijo a la escuela: "Lo mejor de Semco", dijo, "es la libertad de hacer lo que uno cree que es mejor". No me sentí culpable, porque me pondré al día. No voy a abandonar a mi equipo".

Bojikian continúa: "También cambiamos nuestra política de contratación. RRHH ya no tomaba estas decisiones, los equipos eran responsables. Esto no solo aseguró una mejor selección, sino también un mayor esfuerzo para hacer que los nuevos colegas puedan encajar. Ya no podían apuntar con el dedo a RRHH. Pero queríamos ir más allá y decidimos hacer que los salarios fueran conocidos por todos. Un paso posterior fue que los empleados pudieran fijar los suyos propios".

MANTENER EL SUEÑO VIVO

Una pregunta vital quedaba por responder: ¿qué ha sido del sueño de Semco? Los cambios se implementaron durante los años 80 y 90, y desde entonces, académicos, admiradores, consultores y periodistas han compartido la historia de este exótico lugar de trabajo. Pero la mayoría basaron sus informes en fuentes de finales de siglo. Cuando empezamos a buscar informes más recientes, nos quedamos en blanco. ¿Qué había sucedido durante las últimas dos décadas? ¿Quedaba algo de la leyenda? ¿Seguían trabajando de la misma manera? ¿O estaba misteriosamente tranquilo porque no quedaba nada?

Le planteamos esto a Semler. "En nuestro punto más álgido, llegamos a tener 5.000 personas trabajando en Semco y en nuestras empresas conjuntas. Le había demostrado al mundo que este enfoque democrático funcionaba bien, de hecho mejor que bien. Pensé que era hora de ir en una dirección diferente. ¿Podría una forma similar de operar funcionar en un entorno diferente?

"Por eso ahora tengo una consultoría, un hotel y una escuela que se establecieron con los mismos principios. Debemos modificar el sistema desde las raíces, cambiando la forma de criar y educar a nuestros hijos. Si empezamos por ahí, el impacto puede ser increíble."

En el siglo XXI, Ricardo Semler vendió lentamente sus acciones. Pero, sobre todo por razones sentimentales, mantuvo la fábrica de Itatiba que visitamos, donde todo comenzó para su padre. Esa fábrica tiene ahora 50 empleados; las otras compañías alrededor de 200 más. Esto no resta valor a la inspiradora historia de Semco. Nuestro largo viaje valió la pena, solo para poder escuchar las historias de Clovis, Ricardo y los empleados y para visitar la fábrica que sirve como un tributo al trabajo pionero.

Después de Semco, nos dirigimos a la costa y tomamos un barco a

Ilhabela (que en portugués significa "isla hermosa"). Disfrutamos del sol, de las fuertes caipiriñas y de las noches llenas de bossa nova. Nos quedamos unos días, escribiendo un blog sobre nuestras experiencias. Consideramos una cuestión importante: ¿Cómo evitar el caos en un ambiente tan descontrolado? Mucha gente escucha historias de lugares de trabajo avanzados y asume que es un pasaje de ida al caos, el desorden y el alboroto. Es cierto que algunas empresas adoptan prácticas avanzadas en el lugar de trabajo, pero no logran generar compromiso. A menudo, esto se debe a que pasan por alto los aspectos cruciales.

El secretismo puede ser el enemigo. Los empleados no tienen ni idea de cómo funcionan las cosas y qué estrategia deben seguir. La única comunicación real de los líderes es la propaganda corporativa. Todo esto resulta en una asimetría de información. Este desequilibrio crea todo tipo de efectos negativos.

Los dividendos del secretismo son la desconfianza, la ignorancia, los chismes y el mal desempeño. ¿Cómo podemos involucrarnos cuando no conocemos el resultado de nuestros esfuerzos? ¿Cómo se puede tener fe en los líderes que limitan el acceso a la verdad? ¿Qué decisiones se pueden tomar cuando no se comparte la información esencial? En estas situaciones, no hay muchas oportunidades de tomar decisiones razonables; piensa en el iceberg de la ignorancia.

La transparencia radical es vital. Hemos visto en Semco, y en otros lugares, que a medida que aumenta la confianza, la participación aumenta, la gente toma mejores decisiones. Toda la información clave debe hacerse pública. Disfrutamos de los últimos rayos del sol brasileño y esperamos con interés nuestro próximo viaje. Nuestro próximo objetivo es una empresa diferente a Semco en muchos aspectos. No se trata de reinventar o deshacerse de una forma de trabajo arcaica y polvorienta, pero estamos seguros de que habrá algunos paralelismos y similitudes. Es hora de volver a Londres.

Arreglos
como futbol
bar, bolsas de
comida gratis
un gran lugar

superficiales
de mesa, un
frijoles y
no garantizan
de trabajo.

UNA APUESTA SEGURA

Caminamos por la ciudad en un inusualmente soleado día inglés y llegamos a St Katharine Docks, cerca del Tower Bridge. Es una vista alegre: botes de vela y pequeños yates se balancean en el agua salpicada de sol. El antiguo astillero es ahora una colección de apartamentos y oficinas de lujo, incluyendo la oficina central de la compañía de intercambio de apuestas Smarkets. Nuestras expectativas son altas: Smarkets es uno de los pocos lugares donde los equipos autogestionados, la transparencia radical y los sueldos autoestablecidos son la norma. Estamos deseando saber más.

Smarkets fue fundada en 2008 por Jason Trost. Tiene oficinas en el Reino Unido, América y Malta. La mayoría de los 120 empleados tienen su sede en Londres. La empresa no ofrece juegos de casino, póker o bingo. Smarkets se dedica a las apuestas de eventos a través de un intercambio entre pares, donde la gente puede apostar por los resultados. En 2017, Smarkets quedó en segundo lugar en *The Sunday Times Tech Track 100*, una lista de las empresas de tecnología de mayor crecimiento en Gran Bretaña.

Nos da la bienvenida Celine Crawford, directora de comunicaciones. Recibimos el gran tour de la moderna oficina, vemos una sala de juegos, y caminamos por el área donde se sirven almuerzos gratuitos. Hemos visto tantas compañías avanzadas que ya no nos encanta la cultura estereotipada de las nuevas empresas. Arreglos superficiales como futbolín, cómodos sillones, un bar y comida gratis no garantizan un gran lugar de trabajo. Los equipos pseudoavanzados pueden implementar estas cosas pero no abordan ninguno de los problemas reales, como el liderazgo, la jerarquía y la falta de libertad y confianza. Vinimos a Londres en busca de la organización ideal, y tenemos curiosidad por ver si la encontramos. Nos encontramos con un grupo diverso de empleados: ingenieros de software, el chef, personal de comunicación y el CEO Jason Trost. Le preguntamos a Trost sobre su inspiración.

"Quería desafiar el statu quo, no solo en nuestra industria, sino también en la forma en que se manejan los negocios", dice. "Me motivaron mucho pioneros como Valve y Zappos, y disfruté de *Reinventar las organizaciones* de Frederic Laloux. Basándonos en tales visiones alternativas del lugar de trabajo, empezamos a experimentar". Usando el mismo método de experimentación continua y adaptación que en Semco, Smarkets se ha convertido en un lugar de trabajo que ostenta muchas de las ocho tendencias que tanto valoramos. Sus empleados (el 65 por ciento de los cuales son ingenieros) trabajan en equipos autogestionados. Cada uno de ellos tiene su propio enfoque funcional: desarrollo del *back-end*, finanzas y RRHH. Luego hay un grupo de liderazgo. Los equipos están formados por cinco a ocho personas -lo suficientemente pequeños como para moverse rápidamente, donde todos saben quién está trabajando en qué-. También son lo suficientemente grandes como para proporcionar diversidad de habilidades y aprendizajes entre colegas. El personal dispone de asesoramiento gratuito para compartir y tratar cuestiones profesionales o personales. Se fomenta la retroalimentación entre pares y los empleados reciben capacitación especial para mejorar sus habilidades de comunicación. Cada equipo decide cómo quiere trabajar; hay un alto grado de autonomía.

Algunos equipos seleccionan a su líder de forma democrática, algunos rotan el papel y otros no tienen líder. Esta es una característica común de los que son verdaderamente avanzados. No hay una forma de trabajo establecida, o una lista fija de prácticas obligatorias de los departamentos de apoyo. Está en constante evolución. Desafortunadamente, la autonomía es frecuentemente pasada por alto. Una de las dificultades es que las empresas recurren a soluciones fijas, como Agile Scrum y Holacracia. Otros copian y pegan modelos de empresas como Spotify. Obligan a sus equipos a trabajar exactamente como el nuevo método dicta, pero olvidan los principios en los que se basan. Aunque las intenciones pueden ser buenas, el resultado suele ser una toma de decisiones de arriba hacia abajo y una reducción de la libertad. Los verdaderos equipos avanzados comparten la autoridad. Crean un lugar de trabajo que es más que una fachada de ideales de fantasía.

Hablando con muchos de los empleados de Smarket, aprendemos sobre las reuniones semanales de alineación, donde los delegados del equipo coordinan qué equipo hace qué. Mucha gente se mueve de equipo en equipo. Esto crea transparencia y evita la formación de silos. Internamente, los empleados se comunican de forma transparente a través de una herramienta llamada Slack. Toda la información financiera de la empresa está disponible en tiempo real.

El chef Alex Tsoflias explica el valor de la transparencia: "Como todos en Smarkets, tengo acceso a las finanzas y los objetivos; y puedo ver toda la información de los salarios." El CEO Trost añade: "Celebramos reuniones periódicas de gobernanza para discutir los acontecimientos más importantes. Pero quizás los mayores beneficios vienen de las sesiones de preguntas y respuestas.

"Permitimos que la gente plantee sus preguntas de antemano. Pueden hacerlo de forma anónima. Preferiríamos que no lo hicieran anónimo, pero para algunos temas la gente prefiere hacerlo". Al igual que en la UKTV, la gente no habla de temas difíciles. Las preguntas difíciles se tratan al igual que las rutinarias. "Es importante que la gente se sienta libre de preguntar cualquier cosa. Los recién reclutados no hacen esto de inmediato, pero pueden ver el proceso en acción, cómo sus colegas hacen estas preguntas. Eso hace que sea más fácil para ellos participar".

Celine discute otro aspecto de la apertura. "Al principio de mi carrera, perdíamos el tiempo tratando de adivinar lo que ganaban los colegas, y cuán grandes eran sus bonificaciones. Ni siquiera me hagas que empiece con todos los chismes. Así es como se nos ocurrió la idea de hacer público el salario de todos. Primero hablamos con los empleados y, comprensiblemente, se mostraron escépticos. Establecimos un comité para decidir la mejor manera de avanzar. Las reuniones fueron bastante intensas, porque nadie había pasado por esto antes. Hicimos una revisión antes de seguir adelante".

Muchos equipos avanzados han implementado esta política. Para nosotros, es un factor poderoso. El proceso obliga a considerar la equidad. Si los salarios no se perciben como justos, habrá problemas cuando se divulguen. Retener esta información podría ser una señal de que algo anda mal. Cuando los salarios y los paquetes de compensación fueron revelados en la wiki interna de Smarket, algunas personas se sintieron incómodas. Después de un tiempo, estos sentimientos se disiparon, y el nuevo sistema se convirtió en parte de la cultura. La gente ya ni siquiera se molesta en mirar los salarios de sus colegas. Al principio, quieren saber cómo se comparan con los demás, pero cuando queda claro que la división es equitativa, no desperdician la energía. Esto es un poco diferente en Smarkets porque ha dado el siguiente paso, donde cada uno determina su salario.

¿Cómo funciona eso? ¿Cómo dejas que la gente escoja sus salarios, pero que no se premien con sueldos del tamaño de un CEO? La respuesta, una vez más, es la confianza y la transparencia. En Smarkets, todo el mundo puede presentar su propuesta para un aumento de sueldo. Los datos en la propuesta incluyen una comparativa del rendimiento personal, de los valores de mercado y la respuesta de los compañeros. Un comité de salarios de los compañeros ve esto y proporciona retroalimentación. Después de eso, depende del individuo decidir y el salario propuesto se hace público. Cualquiera que tenga un problema con la sugerencia puede dar su opinión. Si no pueden resolver las diferencias, se ocupan de la resolución de conflictos.

Muchos equipos avanzados usan un proceso como este para resolver conflictos:

1 Hablar con la persona con la que tienes el conflicto.

2 ¿Las cosas todavía no funcionan? Traer un mediador en el que ambos confíen.

3 ¿Aún no hay nada? Consíganse un panel de mediadores.

4 ¿No hay alegría? Entonces le corresponderá a un árbitro designado (a menudo el director general) forzar una solución. Esto rara vez es necesario.

Entonces, ¿cómo hace Smarkets para evitar propuestas de sueldo ridículamente altas? Eso es fácil, según Celine. "Primero, confiamos en nuestros colegas. Segundo, tenemos una comisión salarial que te aconseja y puede ejercer presión. Pero si ignoras sus consejos, hay otro mecanismo: tu nuevo salario se hará público. Es suficiente: la gente ya no pide aumentos absurdos."

La autodeterminación es cada vez más frecuente. Smarkets utiliza el método del caso de negocios con una comisión salarial para asesorar, pero hay otras formas de hacerlo. Algunas organizaciones tienen un fondo predeterminado para ser dividido entre los miembros del equipo. De nuevo, es cuestión de decidir qué es lo que mejor funciona.

Durante nuestra conversación final con Jason Trost, le pedimos que nos dé más detalles. "Es un desafío interminable ser lo más abierto posible", dice. "No solo para mí como CEO, sino para nuestros empleados. Es difícil para la gente confrontarse o tener conversaciones difíciles. Nos centramos en proporcionar formación en el proceso de retroalimentación. Eso puede llevar un tiempo.

"Para nosotros es un viaje de descubrimiento: Lo que funciona ahora puede no hacerlo en el futuro." Así es. Siempre es un desafío lidiar con el cambio y dar a los empleados la oportunidad de ayudar a desarrollar el negocio. Pero aún más importante es la aversión al dogma. La aversión a una forma fija de trabajar que puedes recoger de cualquier libro de gestión. Trost lo articula bien: "Quiero que esta sea una gran compañía. No quiero adherirme a ninguna ortodoxia. Quiero hacer lo que es correcto en el momento".

"Quiero que esta sea
una gran compañía. No quiero
adherirme a ninguna ortodoxia.
Quiero hacer lo que es
correcto en el momento".
— Jason Trost

TRANSPARENCIA Y GOZO

Los estudios muestran que los niveles más altos de motivación son un resultado típico del aumento de la transparencia 38. La apertura también está fuertemente ligada a la alegría 39, ya que las personas trabajan mejor cuando se aclaran los resultados de su desempeño y el de los demás 40.

La transparencia de los sueldos —que da miedo, para muchas personas— también se ha demostrado que tiene un efecto positivo en la igualdad de género. Las investigaciones demuestran que la diferencia entre los salarios de hombres y mujeres es menor cuando hay transparencia 41. Si todo el mundo puede ver que el sistema es injusto, alguien exigirá una corrección. Pero muchos todavía no se atreven a dar este paso. Un estudio reciente que sondeó a 70.000 empleados encontró que el 64 por ciento de los encuestados se sentían mal pagados, a pesar de que todos fueron recompensados de acuerdo con los estándares de la industria. Algunos lo sentían tan fuertemente que planeaban renunciar. Los salarios que se mantienen en secreto pueden llevar a sentimientos de injusticia.

PRÁCTICAS PIONERAS DE TODO EL MUNDO

La transparencia radical es una característica importante de los equipos avanzados. La gente se siente más involucrada, tiene mejor desempeño, tiene más confianza y fe en sus líderes. Algunos se resisten a esto, pero se puede lograr de varias maneras:

NIVEL 1. COMUNICACIÓN ABIERTA

Todo el mundo debería participar en el proceso. Una forma popular de asegurar esto es celebrar breves reuniones diarias en las que los miembros del equipo compartan lo que están trabajando y puedan indicar dónde necesitan ayuda. Las reuniones de compromiso regulares permitirán a los equipos discutir la semana siguiente.

Los canales de medios sociales pueden proporcionar un modelo. Algunas organizaciones emplean software listo para usar, como Slack, Facebook Workplace, Microsoft Teams o Yammer.

Los líderes deben ser comunicadores. Las reuniones o asambleas generales pueden beneficiarse de una sesión de preguntas y respuestas transparente (como la "Caja Negra" de la UKTV).

NIVEL 2. APERTURA POR DEFAULT

Algunos equipos avanzados hacen pública toda la información a menos que haya una muy buena razón para no hacerlo. Esta política de apertura por default asegura que el mayor número posible de personas tenga acceso a la información relevante. Aporta una mejor toma de decisiones y un mayor nivel de participación. De nuevo, hay soluciones tecnológicas, como Google Drive y Microsoft Onedrive.

NIVEL 3. RENDIMIENTO Y OBJETIVOS TRANSPARENTES

Asegúrate de que los equipos y los miembros individuales puedan comparar su rendimiento con el de los demás. Una comparativa compartida puede crear una sensación de competencia saludable. En Buurtzorg, la gente del cuidado de la salud de la que hablaremos en el siguiente capítulo, los equipos utilizan esto para mejorar la forma en que brindan los cuidados a sus pacientes. No dejes que la transparencia se limite a los objetivos financieros y a las cifras de rendimiento. Asegúrate de que la información motive a la gente a lograr un propósito más elevado. Piensa en Patagonia y Tony's Chocolonely, donde el progreso hacia su propósito se comunica de forma transparente.

NIVEL 4. ADMINISTRACIÓN DE LIBROS ABIERTOS

En Zingerman, encontramos una poderosa forma de trabajar: hacer transparentes las finanzas. En su Roadhouse participamos en una de las sesiones semanales de gestión de libros abiertos. Dos horas antes de que el restaurante abra, los 30 empleados discuten los resultados de la semana anterior. Los ingresos, el costo y la satisfacción del cliente son tratados. Todos prestan atención y expresan su opinión. El portero de la cocina estaba en la silla. Asumió la responsabilidad y luego compartió sus sentimientos. "En otros trabajos se esperaba principalmente que llevara a cabo mis tareas habituales", dijo, "pero aquí puedo usar partes de mi cerebro que nunca antes había usado. Todos dirigimos la empresa, y yo puedo hacer una contribución". Es importante entrenar a la gente para que entienda los números. Si quieres empleados emprendedores, deben saber cómo funciona una empresa, incluyendo el lado financiero. Sin una adecuada adquisición de conocimientos, la transparencia no significa gran cosa.

NIVEL 5. TRANSPARENCIA SALARIAL

Muchos ascienden a este nivel porque simplemente no quieren ocultar nada. Al principio, normalmente hay algo de emoción. La gente tiende a buscar los salarios de los demás por curiosidad. Esto persiste por menos tiempo del que se esperaría. Si los niveles son justos, es lo mismo de siempre. El pionero australiano de la Bucket List, Ken Everett, experimentó esto en N2N. "Una vez que el misterio se disipa, también lo hace la curiosidad", dijo.

¿Qué pasa si los salarios se hacen transparentes y la gente siente que son injustos? Bueno, surge una gran oportunidad para arreglar un problema y alimentar la confianza y el compromiso. Oh, por cierto, no pienses que no habrá sentimientos de injusticia cuando los salarios son secretos. Si la gente no lo sabe, lo adivina. ¿Cómo hacen las empresas para abrirse? Algunas son lo suficientemente audaces como para publicar toda la información y ver qué pasa. Otras invitan a la gente a revelar sus salarios. Si publicas el tuyo, tienes derecho a ver a los demás. Comienzan con un pequeño grupo... pero las multitudes lo siguen.

CAPITULO 8

DESDE LAS DESCRIPCIONES DE PUESTO AL TALENTO Y LA MAESTRÍA

Hemos viajado por todo el mundo visitando lugares de trabajo inspiradores, charlando con directores disruptivos, colaboradores, académicos y empresarios que se niegan a seguir al rebaño, marcando nuestra Bucket List y divirtiéndonos a medida que aumentábamos nuestra comprensión. Sin embargo, nos hemos dado cuenta de que algunas de las organizaciones más avanzadas están cerca de casa.

Existe una empresa que lleva años demostrando con el ejemplo que una forma de trabajo radicalmente diferente no solo es factible sino que conduce a resultados impresionantes. Estamos hablando de la organización holandesa de atención domiciliaria Buurtzorg. Hemos tenido el placer de conocer a personas claves de Buurtzorg en todos los niveles, y hablamos regularmente con los que estuvieron allí desde el principio, los fundadores Jos de Blok, Ard Leferink, y la entrenadora Gertje van Roessel. También hemos entrevistado a gente de primera línea: las enfermeras del distrito que son responsables de la aplicación diaria del Modelo de Atención a Domicilio.

Buurtzorg se ha convertido en una de las mayores empresas de cuidados a domicilio de los Países Bajos, con empleados y clientes satisfechos. Esto se debe, en parte, al objetivo de ofrecer "el mejor cuidado en casa". Y todo ello se ha logrado sin la necesidad de una estructura de gestión. A lo largo de las décadas, Jos de Blok y Buurtzorg han conquistado el mundo. En la actualidad, de Blok es invitado a menudo a compartir su visión, y sus apariciones públicas le han valido una variedad de apodos, desde "el profeta de los cuidados" y "el sumo sacerdote de los cuidados a pequeña escala" hasta "el rey de la simplicidad". Se le ha descrito como "uno de los pensadores más importantes de nuestro tiempo" que "debería dirigir los Países Bajos". De Blok aprecia los elogios, pero no se permite la vanagloria porque, para él, se trata de la simplicidad, no del genio. Las palabras "mantenlo sencillo" y "simplemente actúa normal" aparecen regularmente en las conversaciones con Jos, a quien se debería describir mejor como "un tipo normal" en lugar de rey o sacerdote. Cada vez que nos reunimos encontramos el mismo individuo modesto, vestido completamente de negro, a excepción de un toque de gris en sus sienes. Sin traje ni corbata, solo cómodos jeans negros, camisa negra, chaqueta de cuero negra. Incluso su reloj de pulsera es negro. Con su voz suave y su ligero acento de Zelandia, rápidamente pone a todos a gusto.

Su mensaje es siempre el mismo, con frases que se repiten a menudo como: "Es muy fácil complicar las cosas, pero es difícil simplificarlas", y "¿Por qué hacerlo difícil cuando puede ser fácil?". Sus frases que más nos gustan incluyen "Soy alérgico al discurso de gestión, protocolos y políticas de planes" y "La gestión es una tontería".

"Tienes que dejar que la gente haga su trabajo y permitirles aplicar sus talentos", dice. De Blok ha estado compartiendo su sabiduría y sus frases con cualquiera que lo escuche. El mensaje ha encontrado oídos receptivos. Durante muchas conversaciones, nos dio su versión de la historia de Buurtzorg, que comenzó en 2006. "Yo era director de una gran institución de salud tradicional. Empecé como un enfermero de distrito, y eventualmente logré subir a la cima, pero nunca olvidé lo que aprendí en el frente. Como jefe de innovación, tuve que implementar muchos cambios, pero mis iniciativas para reducir la carga regulatoria de los gerentes y para introducir equipos autogestionados fueron rechazadas. Me enfrenté a un muro de resistencia. Los otros directores no querían tener nada que ver conmigo, y eso agotó mi energía".

De Blok sabía que las cosas podían ser más simples, y en su frustración renunció. Junto con Gonnie, su esposa de entonces, comenzó el desarrollo de Buurtzorg. La indignación y la frustración fueron su inspiración. "Ya estábamos hartos de que los gerentes determinaran cómo la gente debía hacer su trabajo", recuerda. "Estaba convencido de que los verdaderos profesionales saben cuándo y cómo aplicar sus competencias, sin necesidad de gerentes". Esta convicción sirvió como la razón y la filosofía básica detrás de Buurtzorg. Con otras dos enfermeras, Jos y Gonnie formaron el primer equipo en Enschede. El concepto pronto se hizo popular, con hordas de enfermeras aplicándolo. Casi todas compartían la misma frustración con las impersonales y burocráticas instituciones de salud tradicionales.

Apenas 14 años después de la fundación de Buurtzorg, tiene una fuerza de trabajo de 15.000 enfermeras, repartidas por toda Holanda. Ahora consiste en más de mil equipos autogestionados de hasta 12 enfermeras responsables de la gestión de sus propios distritos. Los equipos son autónomos; planifican su trabajo y contratan a sus propios colegas. Buurtzorg se define por lo que no tiene: gerentes, políticas innecesarias, un departamento de recursos humanos o personal de marketing. Aplica el menor número de reglas posible, no tiene una política de promoción, ni títulos complicados, ni largas descripciones de puestos.

En las organizaciones tradicionales, se espera que los empleados sigan las reglas al pie de la letra y se adapten a cualquier nueva política. Estas empresas piensan que las carreras progresan como hace décadas: de manera predecible y lineal. Y por supuesto, siempre jerárquica; hasta que los empleados eventualmente alcanzan su nivel de incompetencia. Para poder hacer una verdadera carrera, se vieron obligados a subir la escalera. ¿Eres bueno en ventas? Conviértete en un gerente de ventas. ¿Tienes excelentes habilidades de desarrollo? Ve y toma las decisiones para un grupo de desarrolladores de software. ¿Tienes habilidades de enfermería? Dirige enfermeras. Aunque no tiene sentido, es el camino por defecto. Las empresas sacan al individuo de un ambiente en el que se destaca y le dan un rol que no toma en cuenta sus talentos, habilidades y pasiones, esto dificulta la motivación y el compromiso. El empleado y la organización son ahora víctimas de esta perspectiva absurda.

Uno de los síntomas vergonzosos es la proliferación de nombres ridículos para los puestos de trabajo. Echa un vistazo rápido a tu línea de tiempo de LinkedIn. Verás una colección salvaje. Desde los superconfiables Directores en blablablá hasta títulos populares pero sin sentido, incluyendo CEO para la única persona en el negocio. Durante nuestros viajes, hemos visto a los equipos avanzados del mundo romper con estas ridículas tradiciones. Buurtzorg es un excelente ejemplo. En lugar de centrarse en descripciones de trabajo fijas, desarrollan las habilidades de sus empleados. Son conscientes de que cuando los talentos se usan al máximo, todos se benefician. Llamamos a esto "talento y maestría".

Se anima a los empleados a descubrir sus propios talentos y usarlos. La maestría se refiere a su continuo desarrollo. No se trata de ocultar o mejorar las debilidades. Se trata de construir sobre lo que viene naturalmente. Descubrir sus fortalezas, luego sus tareas preferidas y hacerlas suyas. Por supuesto, esto puede parecer obvio, pero hay pocas organizaciones que se adhieren a tal filosofía.

Muchas personas nunca alcanzan su pleno potencial debido a las descripciones de los puestos de trabajo, las jerarquías tradicionales y una "mentalidad de silo". Una gran encuesta que realizamos en los Países Bajos con la agencia de investigación Markteffect muestra que solo el 33% de los empleados utilizan sus principales talentos en su trabajo diario. Verdaderamente doloroso. Pero espera, se pone peor. Solo el 35 por ciento de los empleados realizan tareas que coinciden con sus intereses. Como nos dijo Dan Pink, usar tus fortalezas es un gran impulsor de la motivación. Si no aplicamos nuestros talentos, ¿cómo podemos cosechar los beneficios? Muchas organizaciones no son conscientes de que están desperdiciando el talento.

No debería sorprender que los negocios avanzados estén constantemente buscando formas de aprovechar la riqueza a su disposición. Los estudios muestran que los empleados tienen un 15 por ciento menos de probabilidades de renunciar si pueden aplicar sus fortalezas a diario y son un 8 por ciento más productivos cuando utilizan sus talentos. En consecuencia, los equipos avanzados aprovechan esto. Uno de sus métodos es la confección del trabajo, que convierte su actual rol en uno que le dé más satisfacción. Las

Soy alérgico a la
charla de gestión,
al protocolo y
a las políticas
de planes.
La gestión
es una tontería

— Jos de Blok

investigaciones demuestran que la confección (*crafting*) del trabajo aumenta el compromiso y la satisfacción en el trabajo y reduce el agotamiento. Una vez más, está claro por qué las empresas pioneras ponen a sus talentosos empleados en el centro.

Volvamos a Buurtzorg y veamos cómo lo ponen en práctica. Se trata de simplificar las cosas. La empresa solo tiene una pequeña oficina con 50 personas. Además, hay 20 coaches que apoyan a los equipos. Apenas hay supervisión, y la intención es tener el menor número de reuniones posible. Volviendo a Jos de Blok, "Aquí en Buurtzorg no tenemos una jerarquía artificial; todas las decisiones se toman después de la consulta. Si no podemos utilizar óptimamente el talento de nuestra gente, es un desperdicio significativo. Nuestros profesionales aportan nuevas ideas. Generan miles de ideas cada día. Lo triste es que, en los lugares de trabajo tradicionales, rara vez son tomados en serio. La gente no escucha. Pero en Buurtzorg lo hacemos." Durante nuestras conversaciones con las enfermeras, la filosofía de la simplificación aparece una y otra vez. El objetivo es simplificar los procedimientos, las normas y la comunicación para proporcionar la mejor atención posible. Se dedica el menor tiempo y esfuerzo posible a tareas que son irrelevantes. Además, los equipos trabajan de forma independiente. Por supuesto, siempre pueden contactar con los entrenadores y la oficina central para pedir ayuda, pero en última instancia, tienen toda la responsabilidad.

Gertje van Roessel, la primera entrenadora de Buurtzorg, explica la visión orientadora. "Todas nuestras actividades están estrechamente vinculadas a la prestación de una atención de alta calidad. Hay una clara delimitación de las tareas que realizan los equipos y las que deben realizar los entrenadores y el personal de la oficina. La mayoría son llevadas a cabo por los equipos, que determinan sus propios métodos de trabajo. Comienzan decidiendo la mejor manera de proporcionar una atención de calidad". Eso, y asegurarse de que todo funciona sin problemas, depende de los equipos. "Piense en las actividades de RRHH como la contratación y el despido, las revisiones de rendimiento, las entrevistas de retroalimentación y la incorporación del personal", dice Van Roessel. "También, tareas más generales, como el alquiler de oficinas, revisiones de rendimiento, finanzas, planificación de horarios y adquisición de nuevos clientes". Todo esto es organizado por los miembros del equipo.

En la mayoría de los lugares tradicionales, estas tareas merecen la atención de departamentos especializados. En la sede central de Buurtzorg solo se realizan ciertas tareas administrativas, legales y financieras. "Si es necesario, la carga de trabajo administrativo puede ser fácilmente asumida", dice Van Roessel. El sistema informático desempeña un papel crucial. Proporciona información en tiempo real sobre los resultados, los días de enfermedad, la satisfacción del cliente y los requisitos específicos de atención, así como una visión general de la carga de trabajo y las vacaciones. Toda esta información se revisa con respecto a los promedios de la empresa. Cada equipo tiene acceso a todos los datos. Esto no pretende crear competencia, sino permitir a los equipos comunicarse y proporcionar el apoyo y la información necesarios. La comunicación dentro del equipo, así como con otros equipos, se controla localmente el tipo de tarea que tradicionalmente sería ejecutada por los gerentes.

Los equipos de enfermería deciden lo que debe suceder y quién es el responsable. Esto se determina no por la descripción del puesto, sino por la competencia. "Cada miembro del equipo tiene una clara descripción de sus funciones, y cada función incluye múltiples tareas", explica Van Roessel.

Visitamos Burgh-Haamstede, una pequeña ciudad de los Países Bajos, para entender mejor estos principios. ¿Cómo es cuando se descartan las descripciones de los puestos y se centra exclusivamente en el talento y la habilidad? Las enfermeras Nel y Patricia nos dan la bienvenida a su pequeña oficina, donde la simplicidad y la funcionalidad son los principios rectores. No hay ningún lujo aquí, y la estrecha oficina no podría ser descrita como inspiradora; a las enfermeras no les podría importar menos. Están motivadas por asuntos más importantes, y tan pronto como empiezan a explicar cómo manejan a los clientes de su vecindario, su pasión y entusiasmo se manifiestan. Cuentan cómo Buurtzorg las ha liberado de sus grilletes burocráticos. "Finalmente sentimos que tenemos el control total. Somos capaces de aplicar nuestros talentos, formación y experiencia de la manera más óptima posible. En lugar de tener que lidiar con un frustrante sistema burocrático, podemos hacer lo que creemos."

Nel y Patricia esbozan siete roles. Estos incluyen:

1. Enfermera
2. Encargado
3. Reportador
4. Desarrollador
5. Planificador
6. Jugador de equipo
7. Mentor

El papel de la enfermera se explica por sí mismo. El encargado es responsable de los asuntos de la oficina, y el relator controla la productividad del equipo. El desarrollador asegura el intercambio de conocimientos y la comunicación adecuada. El papel del planificador es programar. El jugador de equipo asegura relaciones positivas y desafía el statu quo. Ellos pueden preguntar a sus colegas: ¿Por qué hacemos las cosas de esta manera?, o ¿cuáles fueron los mayores desafíos que enfrentamos hoy en día? Finalmente, el mentor es responsable de introducir a los nuevos miembros del equipo en la inducción y el entrenamiento.

Cada miembro del equipo debe cumplir el papel de enfermero. Los otros seis roles se asignan según los intereses y el talento. No hay requisitos establecidos. Los roles no rotan con demasiada frecuencia. "Nuestro consejo habitual es cambiar cada seis o nueve meses", dice Gertje. "Esto permite que los miembros del equipo experimenten las diversas responsabilidades, lo que genera respeto hacia los demás". Las enfermeras, a menudo, encuentran que estos diversos roles enriquecen su vida laboral. Buurtzorg permite a los empleados desarrollar sus talentos latentes. La diversidad resultante es mucho mayor que con descripciones de puestos claramente definidas, que no se adaptan a la realidad laboral y a los intereses de los empleados".

PRINCIPIOS NEARSOFTIANOS

En México, hay otra compañía que se burla de las reglas tradicionales. Nearsoft le da a su personal la libertad de desplegar sus talentos. Fue fundada en 2007, y sus 300 empleados son desarrolladores de software que proveen soporte remoto a compañías americanas desde sus bases en Hermosillo, Chihuahua, San Luis Potosí, Mérida y Ciudad de México. Cuando nos sentamos con el cofundador Matt Pérez, nos explica sus motivos.

"Queríamos crear una compañía que funcionara para todos", dice. "Nuestras intenciones eran buenas, pero no sabíamos si funcionaría. Afortunadamente, encontramos la inspiración perfecta: Ricardo Semler y los piratas". ¿Piratas? "Semler y los piratas tienen un sorprendente número de similitudes", explica Pérez. "No son los parches de ojos y los loros; hablo de su filosofía de trabajo. ¿Sabías que cada decisión sobre un barco pirata se tomaba democráticamente? El código pirata fue redactado por todos los miembros de la tripulación".

Hay otras similitudes sorprendentes entre los equipos avanzados y los barcos piratas. Alex Clay y Kyra Maya Phillips escribieron un libro sobre el tema, titulado *The Misfit Economy*. Los piratas solían ser ex tripulantes de buques mercantes, donde prácticamente no tenían participación ni voto, sus ideas apenas se escuchaban y no tenían acceso a la propiedad. Los capitanes, cuyo papel era velar por los intereses de los propietarios, mantenían la disciplina a través de la violencia. Esto causó una gran insatisfacción y finalmente los piratas pusieron el sistema patas arriba. Los barcos que ondeaban la bandera pirata Jolly Roger valoraban la democracia, la equidad y la propiedad compartida.

Los capitanes y contramaestres eran elegidos. Todos acordaban una constitución que determinaba cómo se manejaría el barco. El botín se repartía equitativamente, o bien en partes iguales. El capitán y el intendente se llevarían una parte ligeramente mayor, de una y media a dos veces más que los demás. Comparado con los directores generales de las empresas modernas, que a menudo ganan cientos de veces más que el empleado medio, incluso esta disparidad tiene su mérito. Los capitanes solo tenían poderes absolutos de decisión durante el combate; en tiempos de paz, todos tenían voz. Los capitanes podían ser, y a menudo eran, reemplazados.

Empezábamos a entender la inspiración de Matt Pérez.

¿Pero, cómo se reflejó esto en Nearsoft? Hablamos con varios empleados y descubrimos la falta de jerarquía de la compañía. Ni siquiera hay un equipo de dirección permanente. Cada cinco años, los objetivos a largo plazo son definidos por todos los Nearsoftianos, como se llaman a sí mismos. Uno de ellos, Kimberley Lantis, nos dice que su "jefe" no es una persona sino un destino común. "El éxito está determinado por la respuesta a una visión unificada", dice. "Cada acción debe acercarnos a nuestra visión". Los Nearsoftianos también comparten valores que sirven

Buurtzorg se define
por lo que no
tiene: gerentes,
políticas
innecesarias,
un departamento
de recursos humanos
o personal de
marketing.

de guía pero que siguen estando sujetos a cambios. La forma de trabajar está igualmente determinada por todos los empleados. Esto saca lo mejor de cada uno.

Ya sea la calidad del café en la máquina expendedora o una fórmula revisada de reparto de beneficios, cualquier cosa puede ser discutida. Los empleados pueden hacer un alegato abierto. Esto significa anunciar las cosas que quieren cambiar y permitir que otros contribuyan. Los grupos que se forman se describen como *equipos de liderazgo*. Pueden buscar asesoramiento externo o confiar en la experiencia interna. Cuanto mayor sea el impacto y la complejidad del tema, se cubrirá más ampliamente y más gente será consultada. La elección del café será mucho más fácil que idear una nueva fórmula de reparto de beneficios. O tal vez no... Pero el resultado final es que no hay más reglas o sabiduría convencional que el sentido común.

Cuando se tome una decisión, se comunicará y se aplicará. ¿Esto garantiza empleados felices? "No necesariamente", dice Kimberley, "pero ese no es nuestro objetivo". Siempre habrá gente infeliz, pero pueden hacer un cambio y ser escuchados. Son libres de hacer sugerencias". Al unirse a un equipo de liderazgo con un enfoque específico, los miembros pueden seguir sus intereses y pasiones. ¿El proceso de incorporación? Entonces puedes contribuir. ¿Un nuevo esquema de reparto de beneficios? Inicia un grupo o únete a uno ya existente. Algunos empleados se centrarán en temas similares y desarrollarán una experiencia; otros tienen amplios intereses y se convierten en generalistas.

Y Nearsoft tiene otras posibilidades para perseguir y desarrollar el talento. En la empresa, no hay descripciones de puestos de trabajo. Matt Pérez, por ejemplo, solo es CEO sobre el papel y para el mundo exterior, pero no tiene más poder individual que otros. Su título de director general se utiliza únicamente para comunicarse con las empresas más tradicionales. Hay un programa de seis semanas de incorporación, durante el cual los reclutas aprenden sobre la cultura corporativa. Se presta atención al descubrimiento de talentos, a la descripción de la forma de trabajar de la empresa y a la retroalimentación. Dos veces al año, el personal se reúne para la Semana de la Integración de Equipos. Comparten ideas, trabajan juntos y se relajan. Cada uno es libre de determinar su presupuesto de entrenamiento y cómo se gasta con el apoyo de los equipos financieros.

Este enfoque ha demostrado ser efectivo. Nearsoft ha sido reconocida como una de las mejores empresas en el ranking de Great Place To Work, certificada como una empresa centrada en la libertad por WorldBlu, y nombrada como el mejor lugar de trabajo para los programadores en México.

PRÁCTICAS PIONERAS DE TODO EL MUNDO

¿Cómo pueden los avanzados aspirar a construir sobre todo esto? Hemos visto cómo se organizan Buurtzorg y Nearsoft. Hemos sido testigos de las aplicaciones prácticas y los resultados que vienen con un fuerte enfoque en el talento y la maestría en el lugar de trabajo. Aquí hay cinco mejores prácticas que hemos recogido en el camino. Como es de esperar, empezaremos con lo básico y gradualmente escalaremos hasta las opciones más rebeldes.

NIVEL 1. IDENTIFICAR LOS TALENTOS

Muchos usan una simple encuesta para descubrir talentos y compartir los resultados. Las plantillas se pueden encontrar en línea. Las encuestas también pueden identificar una brecha de talentos. Esto permite la reflexión y la comprensión de la distribución actual de las tareas.

NIVEL 2 CONFECCION DEL TRABAJO MEDIANTE LA COMBINACIÓN DE ROLES

Si no te gusta tu trabajo actual, hay otras posibilidades. Puedes renunciar, encontrar algo nuevo, o simplemente aguantar y seguir sufriendo. Sin embargo, hay una alternativa llamada confección el trabajo. En la literatura, se define como "el cambio de comportamiento auto-iniciado que los empleados realizan con el objetivo de alinear sus trabajos con sus preferencias, motivos y pasiones".

La confección del trabajo consiste en convertir tu trabajo actual en uno que disfrutes más. Y no solo por disfrutar de él. Las investigaciones muestran que aumenta el compromiso y la

Nuestro objetivo
no es tener
empleados felices.
Siempre habrá
gente infeliz
pero pueden hacer
un cambio y ser
escuchados.

— Kimberly Lantis

satisfacción en el trabajo y disminuye el agotamiento.

Aquí hay algunos consejos sobre la mejor manera de abordar esto. El proceso se basa en los talentos de los miembros de tu equipo:

A. *Crear una lista de actividades*

Crear una lista de todas las tareas que un equipo necesita llevar a cabo. Escribir todas en notas Post-it y mostrarlas en la oficina.

B. *Fusionar las actividades en roles*

Como equipo, diseñen y desarrollen roles a partir de actividades similares o estrechamente relacionadas. Por ejemplo, la creación de publicaciones en medios sociales, el envío de boletines informativos y la publicación de blogs podrían combinarse en un rol de comercialización. Otro rol puede ser el financiero, en el que se incluyen actividades como la elaboración de presupuestos y la facturación

C. *Elige tu rol*

Ahora, haz que los miembros del equipo seleccionen los roles que les atraigan. Olvida las descripciones de los puestos, y asegúrate de que los gerentes no fuercen las cosas. Funda tus decisiones en una motivación intrínseca. Una comprensión adecuada del talento de cada uno es vital.

D. *No olvides los roles impopulares*

¿Qué haces con las tareas poco atractivas? Hay una solución que nos gusta: ¡deshacerse de ellas! Simplemente deja de asignar estos roles. Al hacerlo, puede suceder lo siguiente:

Escenario 1

No pasa nada malo. El rendimiento del equipo seguirá siendo el mismo o incluso mejorará. Tu equipo seguirá rindiendo. Estas tareas no resultaron ser tan importantes después de todo.

Escenario 2

Emergen los problemas. Esto es una prueba de que el rol es importante. ¿La solución? Empieza a buscar alternativas. Crea una prioridad para tu próxima fase de reclutamiento. Selecciona a alguien que realmente disfrute del rol. Alternativamente, subcontrátalo o encuentra a alguien en un equipo diferente que disfrute haciendo este trabajo. Sé creativo. ¡Siempre habrá alguien que esté interesado!

En Dubái vimos un buen ejemplo de trabajo remodelado. La Autoridad de Conocimiento y Desarrollo Humano del Emirato ha transformado varios procedimientos y procesos internos. Las responsabilidades del trabajo y las tareas se asignan ahora de acuerdo a los intereses y talentos. Los entusiastas del Fitness recibieron entrenamiento y ahora ayudan a sus colegas a estar más sanos. Este enfoque se ha repetido para artistas, fotógrafos, cineastas, poetas y escritores.

NIVEL 3. ENTRENAMIENTO ILIMITADO

Deje que los empleados decidan cómo mejorar sus habilidades. Se puede confiar en ellos para tomar las decisiones correctas.

En la empresa española de marketing online Cyberclick, aprendimos que los empleados deciden sus presupuestos de formación por sí mismos. Pueden elegir lecciones de buceo o de surf. Cyberclick cree que cualquier entrenamiento beneficia a los empleados y a la compañía. No se requiere ningún tipo de supervisión.

Tengan esto en cuenta:

CFO: "¿Qué pasa si invertimos en el desarrollo de nuestra gente y luego nos dejan?"

CEO: "¿Qué pasa si no lo hacemos, y ellos se quedan?"

NIVEL 4. MENTORES AUTO-SELECCIONADOS

Los individuos se desarrollan mejor cuando están rodeados de personas en las que confían. En la empresa polaca de TI u2i, -donde se han eliminado todos los títulos internos- los empleados pueden ofrecerse como mentores y elegir los suyos propios.

Otra empresa de TI, Next Jump, con sede en Nueva York, tiene un sistema de compañeros, Talking Partners (TP). Se trata de dos empleados que discuten regularmente sus habilidades y talentos en desarrollo (seleccionados por ellos mismos, por supuesto). Talking Partners pronto se conoció como TP. Este fue apodado "Papel higiénico". ¿Por qué? Porque esta gente te ayuda a lidiar con tu mierda.

NIVEL 5. MERCADO INTERNO DE PROYECTOS

Algunas de las organizaciones más avanzadas han establecido un "mercado interno". En Dinamarca hablamos con Lars Kolind, antiguo director general del fabricante de audífonos Oticon. En los noventa, Lars eliminó todos los departamentos, puestos de dirección y títulos de trabajo. Los proyectos fueron la fuerza motriz. Basándose en sus intereses, la gente asumía tantos como quería. Cada tarea se convertía en un proyecto.

Úbete
Revo

a la
lución

VER ES CREER

En el curso de nuestras aventuras, hemos visitado más de 100 pioneros, desde empresas familiares y sin ánimo de lucro, hasta Ministerios, desde empresas privadas hasta compañías que cotizan en bolsa, pequeñas y grandes. Algunas han existido durante décadas, otras son relativamente nuevas. Todas fueron pioneras en una o más de las ocho tendencias, pero ninguna empujó los límites en todas. Cada una tuvo que descubrir su propio camino, al no haber un modelo que sirva para todas. Es más bien una situación de modelo de talla única para cada una de ellas.

Nuestro viaje a algunos de los lugares de trabajo más radicales del mundo han mostrado cómo los avanzados se diferencian. Algunos se han transformado y liberado de los grilletes del mando y control. Recordemos la rebeldía del Ministerio de Seguridad Social belga y los movimientos radicales y audaces del fabricante de electrodomésticos Haier. Incluso los lugares de trabajo aburridos y anticuados pueden ser inspiradores. Siempre es posible pulsar el botón de reinicio. Puede que no sea una tarea sencilla, y las transformaciones pueden ir acompañadas de giros inesperados, pero es una lucha que vale la pena tener. Hay trampas para los incautos, como basar el cambio en nociones preconcebidas o seguir un plan de principio a fin. El proceso no es lineal y predecible, sino más bien un proceso continuo de mejora y experimentación. Estas preguntas pueden seguir siendo molestas: ¿no hay nada que se pueda hacer si no eres el CEO? ¿Solo sentarte y esperar? ¿Dejar tu trabajo es la única solución?

La respuesta a esta última pregunta, afortunadamente, es no. Las formas avanzadas de trabajo siempre son posibles. Los pioneros han empujado los límites más allá de lo que se podría haber esperado, dadas sus circunstancias empresariales. Nos encontramos con equipos en grandes empresas que seleccionan a sus propios líderes, mientras que el resto de la organización tiene una gestión de arriba hacia abajo. Nos reunimos con los líderes de los departamentos que han eliminado las capas de gestión en su parte de la organización. Al final, se trata de encontrar compañeros rebeldes y empujar con fuerza dentro de su esfera de influencia.

Aprendimos cómo funciona esto en la práctica durante una visita a Harm Jans, uno de los 1.700 empleados del minorista holandés online bol.com. Su forma de trabajar no es tan radical como algunos de los otros pioneros, pero el método para implementar el cambio sí lo es. El movimiento no viene de la cima sino de la base. Jans

Esta es una
del poder
la rebelión.
ser el CEO
los métodos
Ni necesitas
del
de recursos

historia
inspirador de
No tienes que
para cambiar
de trabajo.
la aprobación
departamento
humanos.

nos cuenta esto durante una visita al centro de distribución de la compañía en Waalwijk, Holanda, donde se están dando los últimos toques a un nuevo almacén. Desde su fundación en 1999, bol.com ha operado con una estructura plana y altos niveles de autonomía. Se ha convertido en una de las tiendas online más populares, ofreciendo alrededor de 22 millones de productos. Fue vendida a Ahold Delhaize por 350 millones de euros en 2012. Pero con la expansión, las cosas se complicaron. Muchas empresas son víctimas de su propio éxito, ya no saben cómo operar a mayor escala. El crecimiento puede ser un catalizador para el declive. Jans presentó algunas opciones interesantes inspiradas en muchas de las organizaciones de nuestra Bucket List. Quería que bol.com también se convirtiera en una pionera.

Jans pronto se encontró con problemas. Era el líder de un equipo de 30 empleados de logística, pero no lo suficientemente sénior como para tener mucho impacto. La idea de convencer a la alta dirección para cambiar radicalmente la forma de trabajar de bol.com era difícil; le presentó sus ideas al CEO. No encontró ningún apoyo allí. "La gente tenía miedo de ir a por todo", se lamentó. Mirando hacia atrás, eso puede haber sido algo bueno. Pero este no era el único obstáculo, "bol.com no estaba acostumbrada a las transformaciones integrales y ciertamente la decisión no venía de arriba. La compañía simplemente no funciona de esa manera". Jans se vio obligado a buscar alternativas. "La única oportunidad que tenía de hacer algo era animar a mis equipos a experimentar".

Y eso es exactamente lo que pasó. La estructura de las reuniones se cambió, los roles se redistribuyeron, así como las responsabilidades. Se cambió el proceso de toma de decisiones. Durante los experimentos, bol.com hizo un seguimiento de los niveles de satisfacción. Regularmente, les hacían a los pioneros una simple pregunta: en una escala de 0 a 10, ¿qué probabilidad hay que recomiendes esta nueva forma de trabajo? Esto les ayudó a ver si estaban en el camino correcto. Basándose en el consenso, se adaptarán. La idea impulsora era que si la gente se entusiasmaba con el nuevo enfoque, se convertirían en sus promotores activos.

Pronto ocurrió algo extraordinario. Los equipos que no se habían involucrado se enteraron del proceso y le preguntaron a Jans si podían participar. "Muchos equipos nuevos estaban dispuestos a empezar desde el principio y así supe que algo estaba pasando". Jans y sus compañeros se dispusieron a entrenar a otros equipos. Les ayudaron a adoptar las nuevas formas de trabajo. "Nos dio la oportunidad de iterar y mejorar nuestra metodología y el enfoque de entrenamiento. La segunda ola de equipos estaba más satisfecha que la primera, la tercera incluso más". Decidió ir un paso más allá. Se necesitaba más comunicación. Los pioneros comenzaron a producir videos, escribir entradas de blog y hacer presentaciones. Un grupo interno de entrenadores a tiempo parcial recibió entrenamiento. Para el verano de 2017, más de 400 empleados y 50 equipos se habían unido. Un año más tarde la cifra se había más que duplicado y, para finales de 2019, había aumentado a más de 1.200 empleados (70 por ciento del total) con 140 equipos. Hay una mayor demanda de la que se puede satisfacer.

Jans también ha experimentado algunos cambios personales. Recientemente fue nombrado líder de desarrollo de personas y organizaciones. Lo que comenzó como un simple experimento se ha convertido en algo que supera con creces el alcance previsto. Pequeños éxitos han llevado a grandes cambios. Inicialmente, solo las reuniones, la toma de decisiones y la división de roles estaban bajo el microscopio; ahora, el enfoque está en el espíritu empresarial y el apropiamiento. Se está abordando la estructura misma de la empresa. "No diseñamos esta transformación desde el principio", dice Harm, "y seguro que no la hicimos obligatoria".

Esta es una historia del poder inspirador de la rebelión. Demuestra que no tienes que ser el CEO para cambiar los métodos de trabajo. Ni necesitas la aprobación del departamento de recursos humanos. Se trata de inspirar a otros con tu visión, invitarlos a ser parte del proceso y luego actuar. Siempre que apliques estos principios, puedes crear tu propio movimiento y contribuir a un lugar de trabajo mejor y más inspirador. La mayoría de los avanzados utilizan una metodología similar. Puede ser diferente del programa de estudios que se enseña en las escuelas de negocios, y puede no ser lo que las empresas consultoras tradicionales recomiendan. Pero es lo que hemos visto en la práctica, una y otra vez.

PRINCIPIO 1 NO FORZAR EL CAMBIO, INSPIRARLO

La gente a menudo piensa que el cambio puede ser impuesto desde arriba con los gerentes decidiendo quién debe hacer qué. Se espera que todos obedezcan. Sin embargo, hay desventajas: muchos CEO no se atreven a tomar medidas radicales dando lugar a proyectos poco entusiastas. Con la coacción se puede esperar sabotaje, oposición y frustración. En lugar de eso, encuentra a los rebeldes, inspíralos con tu visión y apóyalos. En Bilbao, visitamos la empresa de consultoría K2K donde hay una forma particular de fomentar el cambio.

Los dos primeros pasos son reveladores:

> **Los propietarios y el CEO totalmente comprometidos.**

El equipo de K2K primero se asegura de que todos los propietarios se comprometan sin dudarlo. El siguiente paso es involucrar al CEO que debe ser consciente de que interponerse en el camino podría poner en peligro su posición. K2K les hace firmar un documento a tal efecto. Si no firman, K2K no apoyará la transformación.

> **Los empleados votan.**

La organización cierra durante dos días y los trabajadores tienen la oportunidad de visitar las empresas que han pasado por el proceso de transformación. Este viaje se hace sin los consultores para que los empleados puedan hablar libremente. Entonces es el momento de mostrar compromiso. Se realiza una votación anónima. K2K solo comenzará el proceso de transformación si más del 80 por ciento de los empleados están a favor. Este enfoque radical ha demostrado su valor mejorando el funcionamiento de unas 70 organizaciones.

PRINCIPIO 2 EXPERIMENTACIÓN CONTINUA

La gente a menudo piensa que es una buena idea diseñar por adelantado un amplio programa de cambio, sugiriendo un sentido de previsibilidad y control. En la práctica, estos ejercicios burocráticos suelen ser solo palabrería y nada de acción. Si los planes se llevan a cabo, no habrá lugar para la desviación. No es ágil. Los pioneros tienen un enfoque diferente. No se quedan atascados en un sinfín de análisis, informes y contemplación de modelos. Se dedican a los negocios. Los planes extravagantes y los costosos informes dan paso a la acción. Una visión clara se combina con un plan simple. La experimentación y la reflexión se alternan. Si el experimento tiene éxito, sigue adelante. Si no, se aprende de los errores y se ajusta el camino.

PRINCIPIO 3 CREAR UN MOVIMIENTO

Desencadena una revolución, asegurándote de que los demás se entusiasmen tanto como los pioneros. Lo que comienza con un equipo o un departamento gana impulso. Si hay algo que hemos aprendido, es que la comunicación efectiva es esencial. Asegúrate de que el movimiento sea visible y siga los resultados. Con el éxito, o incluso con los reveses, el entusiasmo se extenderá. Para hacer que el movimiento crezca, considera la creación y distribución de blogs, vlogs, presentaciones, reuniones, folletos y plataformas online. Sé creativo y utiliza todas las herramientas a tu disposición.

REFLEXIONES

Ese día en la cervecería de Barcelona parece ahora muy lejano. Durante cuatro años hemos viajado e investigado los lugares de trabajo más avanzados del mundo. Hemos visto de primera mano cosas que, en aquel entonces, solo conocíamos por los libros. La frustración de nuestros trabajos empresariales se ha disipado hace tiempo. Ahora investigamos temas que nos apasionan. Nos encontramos con pioneros de todo el mundo que son tan entusiastas de estas cosas como nosotros. Trabajamos con ellos y aprendemos de sus experiencias. Compartimos todo esto con nuestros compañeros rebeldes a través de nuestro blog, este libro, charlas, talleres, y online a través de la comunidad Corporate Rebels.

Además de compartir lo que aprendemos, tenemos la oportunidad de poner la teoría en práctica. Con el equipo, ayudamos a organizaciones de todo el mundo a convertirse en lugares de trabajo más avanzados. También probamos las últimas y más rebeldes ideas en la sede de Corporate Rebels. Dejamos que nuestras acciones hablen por sí mismas y continuamos empujando los límites. Experimentar, aprender, adaptarse también es cierto para nosotros.

Donamos el 10 por ciento de nuestras ganancias a organizaciones benéficas, ONG y proyectos que comparten nuestro propósito. Para orquestar esto, hemos creado la Fundación Corporate Rebels, una entidad independiente y transparente. Nuestras decisiones de negocios se toman a través del proceso de asesoramiento, incluso cuando se trata de los salarios. Somos neutrales en cuanto al carbono, ya que compensamos todas nuestras emisiones de CO_2 a través de programas de compensación de carbono. Experimentamos con nuevas formas de trabajo, poniéndonos desafíos para mejorar.

Nos fijamos metas cada mes, revisamos nuestro progreso, y nos movemos hacia el siguiente desafío. Creemos en la transparencia radical en todo. Obviamente, no tenemos presupuestos o reglas infantiles. Hay mucha libertad; no registramos las horas o los días de vacaciones y todos pueden trabajar desde donde quieran. Para impulsar aún más la libertad en el lugar de trabajo, recientemente compramos una casa rodante y la convertimos en una oficina móvil, lo que hace mucho más fácil combinar el trabajo con el kitesurf...
Cada vez que entramos en una nueva fase nuestras prácticas evolucionan. Nada es fijo, todo se puede cambiar. Si funciona, bien. Si ya no funciona, intentamos algo nuevo. No estamos solos. Más empresas están buscando nuevas formas de romper con el statu quo. Hay señales de que la revolución está realmente en marcha. Incluso las grandes empresas están tratando de romper con la tradición, considerando semanas de trabajo de cuatro días y, aquí y allá, recortando las capas de gestión. No solo se están sumando gigantes, sino también pequeñas y medianas empresas, así como individuos apasionados de todo el mundo.

¿Lo mejor de todo esto? No son solo pensadores y académicos de la gestión, sino personas de todos los ámbitos de la vida. Líderes, personal de primera línea, empresarios, periodistas, políticos y académicos están uniendo fuerzas para luchar por mejores lugares de trabajo. Estamos encantados de encontrarnos en el centro de la acción. Nuestro blog es leído por cientos de miles de personas en más de 100 países. Nuestro foro online es un lugar de encuentro para los rebeldes en cualquier lugar de trabajo. Hablamos mensualmente en conferencias y trabajamos con las empresas para ayudarles a romper los lazos del trabajo pesado, transformar sus vidas y mejorar sus formas de trabajo.

Ha llegado el momento de una verdadera revolución en el lugar de trabajo. Tenemos que impulsar y cumplir nuestra promesa de un cambio impactante y duradero, y hacer el trabajo más emocionante. Puedes unirte a la revolución, y así es como puedes hacerlo...

1 INSCRÍBETE

Las historias de este libro son la punta del iceberg. Encontrarás más inspiración en el blog Corporate Rebels. Suscríbete a nuestro boletín de noticias y recibirás una lista de las entradas más importantes del blog, los contenidos más recientes y las últimas actualizaciones de la comunidad Corporate Rebels. Suscríbete en: www.corporate-rebels.com/join

2 CORRE LA VOZ

Contribuye a incrementar la conciencia. Considera las lecciones que has aprendido y decide qué cambios deseas. Haz que otros tomen conciencia de tu espíritu revolucionario. Utiliza el hashtag #CorporateRebels y síguenos en LinkedIn, Twitter e Instagram

3 CONVIÉRTETE EN MIEMBRO DE LA COMUNIDAD CORPORATE REBELS

Crea una cuenta en Corporate-Rebels.com. Comparte tus experiencias, soluciones e inspiraciones en el foro y ponte en contacto con rebeldes con ideas afines.

Visita www.corporate-rebels.com para registrarte.

4 VISITA UN EVENTO REBELDE

Organizamos reuniones frecuentemente. Asiste a una cerca de ti. Visita www.corporate-rebels.com/events para más información.

Nunca
influirás
en el mundo
intentando
ser como él.

Perdón
molestias,
tratando
el

por las

estamos

de cambiar

mundo.

RECONOCIMIENTOS

La ingenuidad es la felicidad. También lo es ignorar los consejos. Sin una sana combinación de ambas nunca nos habríamos embarcado en esta aventura. Empezar una empresa sin un modelo de negocio es una cosa, escribir un libro mientras estás en ello es otra. Ha sido un viaje largo y lleno de baches. Se han incumplido los plazos y la fecha de publicación ha pasado de marzo de 2018 a febrero de 2020. ¡Pero lo hemos conseguido!

Sin el tremendo apoyo de la gente que nos rodea, este libro no habría visto la luz del día. Gracias a los primeros que creyeron en nosotros: nuestros padres y familias. Su confianza en que esta idea funcionaría estaba lejos de ser realista, pero ha sido esencial. Su apoyo a lo largo de la vida nos ha convertido en lo que somos. Muchas gracias a Anne-Karlijn y a Ananda, por creer en nosotros, tenerlas a nuestro lado es el mejor sentimiento del mundo.

Gracias a la loca que se atrevió a ser la primera en unirse a la aventura: Freek-Jan Ronner, y los que se unieron poco después: Catelijne Bexkens-Koopen, Ken Everett, Ellen Dick, Florine van Wulfften Palthe y Bram van der Lecq. Todos ustedes están haciendo del mundo del trabajo un lugar mejor.

Gracias a los editores John Mann y Hal Williams este libro es un salvavidas. Cuando leímos nuestra versión del manuscrito "final" en el verano de 2019 tuvimos una sensación de hundimiento. Sabíamos que teníamos una historia poderosa pero no podíamos encontrar las palabras adecuadas. Ustedes dos han sido capaces de convertir ese manuscrito en algo que disfrutamos y apreciamos. Y suponemos que no seremos los únicos.

Otro gran voto de agradecimiento a todas las personas que han estado dispuestas a compartir su sabiduría a lo largo de los años: los pioneros de nuestra Bucket List. Nos hemos tomado mucho de su tiempo para entrevistar, investigar y aprender de ustedes. Nos sentimos honrados. Algunos de ustedes no aparecen directamente en este libro, pero tengan la seguridad de que su sabiduría ha influido mucho en nuestro pensamiento. Estamos eternamente agradecidos de estar sobre los hombros de los gigantes.

Por último, pero definitivamente no menos importante, nuestra gratitud a todos aquellos que se han unido al movimiento rebelde: aquellos individuos y comunidades que nos han apoyado a través de la lectura, la conexión, el intercambio y la contribución. Sin ustedes, seríamos solo otra voz en el desierto.

1. DESDE LA GANANCIA

2. DESDE LA PIRÁMIDE JERÁRQUICA

3. DESDE LA DIRECCIÓN

4. DESDE PLANIFICAR Y PREDECIR

5. DESDE LAS REGLAS Y EL CONTROL

Las 8 tendencias de los corporate rebels

6. DESDE LA CENTRALIZACION

7. DESDE EL SECRETO

8. DESDE LAS DESCRIPCIONES DE PUESTO

⟶ AL PROPÓSITO
Y LOS VALORES

⟶ A LA RED
DE EQUIPOS

⟶ AL LIDERAZG
DE APOYO

⟶ A EXPERIMENTAR
Y PREDECIR

⟶ A LIBERTAD
Y CONFIANZA

⟶ A DISTRIBUCIÓN
DE LA AUTORIDAD

⟶ A LA TRANSPARENCIA
RADICAL

⟶ AL TALENTO
Y LA MAESTRÍA

BIBLIOGRAFÍA

1. M. Hayes, F. Chumney, C. Wright and M. Buckingham, "The Global Study of Engagement," ADPRI, 2018.
2. Gallup Inc., "State of the American Workplace," Gallup Inc., 2017.
3. M. Huang, P. Li, F. Meschke and J. P. Guthrie, "Family firms, employee satisfaction, and corporate performance," Journal of Corporate Finance, vol. 34, pp. 108-127, October 2015.
4. S. Melián-Gonzalez, J. Bulchand-Gidumal and B. González López-Valcárcel, "New evidence of the relationship between employee satisfaction and firm economic performance," Personnel Review, vol. 44, no. 6, pp. 906-929, 2015.
5. T. C. Green, R. Huang, Q. Wen and D. Zhou, "Crowdsourced Employer Reviews and Stock Returns," Journal of Financial Economics, Forthcoming; 8th Miami Behavioral Finance Conference 2017, July 2018.
6. A. Chamberlain, "Does Company Culture Pay Off?," Glassdoor, 2015.
7. R. Dur and M. van Lent, "Socially Useless Jobs," Tinbergen Institute Discussion Paper, vol. 034/VII, March 2018.
8. D. Graeber, Bullshit Jobs, Simon & Schuster, 2018. C
9. B. L. Parmar, A. Keevil and A. C. Wicks, "People and Profits: The Impact of Corporate Objectives on Employees' Need Satisfaction at Work," Journal of Business Ethics, vol. 154, no. 1, pp. 13-33, 2019.
10. Y. Chouinard, Let My People Go Surfing: The Education of a Reluctant Businessman, Penguin Books, 2005.
11. Patagonia Works, "Annual Benefit Corporation Report," Patagonia Inc., 2018.
12. R. Sisodia, D. Wolfe and S. Jagdish N., Firms of Endearment, FT Press, 2007.
13. Nielsen, "Doing Well by Doing Good," The Nielsen Company, 2014.
14. L. Goler, J. Gale, B. Harrington and A. Grant, "The 3 Things Employees Really Want: Career, Community, Cause," Harvard Business Review, 2018.
15. Deloitte, "Global Human Capital Trends 2016," Deloitte University Press, 2016.

Nota del traductor: Cuando los autores dicen: "Make work fun", se refieren no solo a hacer el trabajo divertido, sino también a despertar la inspiración, el entusiasmo, la creatividad y el gozo por lo que se hace.

En el texto hemos dejado "divertido", pero queremos dejar claro que en español el término va a atributos más profundos de las personas. Se trata de transformar el trabajo monótono, frustrante y sin sentido en una experiencia vivificante en la que el trabajo sea motivo de gozo y realización.

16. J. E. Mroz, J. A. Allen, D. C. Verhoeven and M. L. Shuffler, "Do We Really Need Another Meeting? The Science of Workplace Meetings," Current Directions in Psychological Science, vol. 27.

17. M. Marmer, B. L. Herrmann, E. Dogrultan and R. Berman, "Startup Genome Report Extra on Premature Scaling," Startup Genome, 2011.

18. J. Wallander, Decentralisation - why and how to make it work, SNS Förlag, 2003.

19. Svenska Handelsbanken AB, "Investor Presentation, "Svenska Handelsbanken AB, 2018.

20. Svenska Handelsbanken AB, "Annual Report 2017, "Svenska Handelsbanken AB, 2017.

21. J. Harter and A. Adkins, "Employees Want a Lot More From Their Managers," Gallup Inc., 2015.

22. B. Szatmari, "We are (all) the champions: The effect of status in the implementation of innovations," Erasmus University Rotterdam, 2016.

23. T. P. Principle, The Peter Principle: Why Things Always Go Wrong, William & Morrow, 1969.

24. A. Benson, D. Li and K. Shue, "Research: Do People Really Get Promoted to Their Level of Incompetence?," Harvard Business Review, 2018.

25. F. Gino, Rebel Talent, Macmillan, 2018.

26. Y. Morieux and P. Tollman, Six Simple Rules: How to Manage Complexity without Getting Complicated, Harvard Business Review Press, 2014.

27. J. Hope and R. Fraser, Beyond Budgeting: How Managers Can Break Free from the Annual Performance Trap, Harvard Business Review Press, 2003.

28. H. Kroft and P. Venema, "Arbobalans 2018," TNO, Leiden, 2019.

29. F. v. Massenhove and T. Auwers, De collegas werken thuis, Lannoo Campus, 2012.

30. A. A. Roy, "Work less, get more: New Zealand firm's four-day week an 'unmitigated success'," The Guardian, 2018.

31. L. D. Marquet, Turn the Ship Around!, Portfolio, 2013.

32. E. Winquist, "How Companies Can Learn to Make Faster Decisions," Harvard Business Review, 2014.

33. A. De Smet, G. Lackey and L. M. Weiss, "Untangling your organization's decision making," McKinsey & Company, 2017.

34. F. Galton, "Vox Populi," Nature, vol. 75, pp. 450-451, 1949.

35. J. Giles, "Internet encyclopaedias go head to head," Nature, vol. 438, pp. 900-901, 2005.

36. Corporate Rebels, "How Real Leaders Melt The Iceberg of Ignorance With Humility," Corporate Rebels, 2018.

37. Maverick: The Success Story Behind the World's Most Unusual Workplace, Grand Central Publishing, 1995.

38. D. Burkus, "Why Do We Keep Salaries Secret?," Forbes, 2016.

39. TINYpulse, "7 Vital Trends Disrupting Today's Workplace," TINYpulse.com, 2013.

40. E. Huet-Vaughn, "Striving for Status: A Field Experiment on Relative Earnings and Labor Supply," Working Paper, 2013.

41. A. Hegewisch, M. Phil., C. Williams and R. Drago, "Pay Secrecy and Wage Discrimination," Institute for Women's Policy Research, 2011.

42. D. Smith, "Most People Have No Idea Whether They're Paid Fairly," Harvard Business Review, 2015.

43. R. Bregman, "Waarom de baas van Buurtzorg de baas van Nederland zou moeten zijn," de Correspondent, 2016.

44. Corporate Rebels, "The Ugly Truth About The State Of The Workplace," Corporate Rebels, 2017.

45. P. Flade, J. Asplund and G. Elliot, "Employees Who Use Their Strengths Outperform Those Who Don't," Gallup Inc., 2015.

46. M. Tims, A. B. Bakker and D. Derks, "The Impact of Job Crafting on Job Demands, Job Resources, and Well-Being," Journal of occupational health psychology, vol. 18, no. 2, pp. 230-240, 2013.

47. A. Clay and K. M. Phillips, The Misfit Economy, Simon & Schuster, 2015.

48. WorldBlu, "https://www.worldblu.com/," WorldBlu LLC, 2019. [Online]. Available: https://www.worldblu.com/certified.

49. Software Guru Magazine, "Best Places to Code," Software Guru Magazine, 2017.

SOBRE LOS AUTORES

JOOST MINNAAR

El cofundador de Corporate Rebels, Joost Minnaar, dejó su trabajo corporativo en Barcelona, donde vivió después de finalizar su Máster en Nanociencia y Nanotecnología en la Universidad de Barcelona. Viaja por todo el mundo investigando organizaciones avanzadas, escribe blogs sobre los descubrimientos que realiza y asesora sobre temas relacionados con los lugares de trabajo. Joost es candidato al doctorado en el Instituto de Investigación Empresarial de Ámsterdam (Universidad VU, Ámsterdam).

PIM DE MORREE

El cofundador Pim de Morree también inició Corporate Rebels después de despedirse de un trabajo corporativo. Eso fue solo tres años después de terminar sus estudios de Ingeniería industrial y Ciencias de la gestión y Gestión de la innovación en la Universidad tecnológica de Eindhoven. Además de viajar por el mundo e investigar, escribe en el blog Corporate Rebels, asesora a las empresas y realiza presentaciones claves para inspirar a las organizaciones a cambiar radicalmente su forma de trabajar. Junto con el resto del equipo de Corporate Rebels, apoya el crecimiento de un movimiento global para hacer el trabajo más emocionante.

'Ocho lecciones esenciales
de 100 de las organizaciones
más inspiradoras del mundo."

Los lugares de trabajo hoy en día están fracturados. El 85% de los empleados están desconectados, el 23% se sienten agotados y el 37% cree que su trabajo no contribuye a la sociedad. El trabajo tal como lo conocemos hoy, simplemente, ya no funciona más.

¿Cuál es la buena noticia? Hay mejores maneras de hacerlo. Y no es teoría. Se está practicando en organizaciones que han sido pioneras en todo el mundo. A partir de las visitas de Minnaar y De Morree a más de 100 de las organizaciones más progresistas del mundo, surge este libro que ofrece pruebas directas de nuevas formas de organización que logran que el trabajo se convierta una actividad estimulante y enriquecedora a la vez que se fomenta el alto rendimiento y el éxito de la corporación.

El blog de The Corporate Rebels se lee en más de 100 países y ha sido publicado en The New York Times, Forbes, HuffPost, The Guardian y la BBC. Los autores han sido listados entre los 30 mejores pensadores de gestión emergente y ganaron el premio Radar 2019 Thinkers50.

WWW.CORPORATE-REBELS.COM